Katzenkrankheiten

erkennen und behandeln

Dr. med. vet. Rolf Spangenberg

Katzenkrankheiten
erkennen und behandeln

Eines für alle!

ISBN 3 8068 1078 8

© 1990/1993 by Falken-Verlag GmbH, 65527 Niedernhausen/Ts.

Titelbild: Toni Angermayer Tierbildarchiv/Hans Reinhard, Holzkirchen
Fotos: Tierbildarchiv Toni Angermayer/Hans Reinhard, Holzkirchen: S. 33; IBIS Bildarchiv/
Hans D. Dossenbach, Bergisch Gladbach: S. 18, 31, 54, 68; IBIS Bildarchiv/Andreas Fischer-
Nagel GDT, Bergisch Gladbach: S. 1, 2, 3 o. l., 3 u. r., 6, 26, 41, 65, 80, 86, 95, 97; Ingeborg
Polaschek, Linsengericht-Altenhaßlau: S. 3 u. l., 3 o. r., 10–17, 21, 27, 42, 48, 50, 58, 72, 76, 93, 98,
100; Silvestris Fotoservice, Kastl/Obb.: S. 8
Zeichnungen: Livia Scholz-Breznay, Gomaringen
Vignette: Gabriele Hampel, Kelkheim

Gesamtkonzeption: Falken-Verlag GmbH, D-65527 Niedernhausen/Ts.

817 2635 44

Inhaltsverzeichnis

Was kann man selber machen?

Einige Worte zuvor

Welch ein seltsames Geschöpf ist doch die Katze! Auf vertrautem menschlichem Schoß schnurrt sie noch schwerkrank und unter Schmerzen – aber Heimweh und mangelnde Zuwendung können bei ihr zum Tode führen. Die kompetente Hilfe des Tierarztes bleibt Stückwerk, wenn der Besitzer seine kranke Katze nicht einfühlsam versorgt.

Dieses Buch will helfen, mehr Freude an Katzen zu haben, und raten, wenn es mit ihnen nicht zum besten steht. Dazu gehören Hinweise zur tierfreundlichen Eindämmung der Fruchtbarkeit, die bei Katzen sonst leicht große Probleme schafft. Mit etwas gegenseitiger Anpassung werden Menschen gute Freunde dieser graziösen Geschöpfe, die so viel Freude bereiten können. Und – es will schon etwas heißen, eine Katze zum Freund zu haben!

Viele kluge Katzen und ihre verständnisvollen Besitzer haben mir bei der Zusammenstellung dieses Buches geholfen. Ihnen gilt mein aufrichtiger Dank!

Dr. Rolf Spangenberg

Katze und Mensch

»Der Hund ist ein Meutetier, die Katze der typische Einzelgänger« – so hört man immer wieder. Stimmt das eigentlich?

Ja, es trifft für das Verhalten der Katzen *untereinander* zu. Im engen Familienverband hängt die Katze zwar innig an ihren Jungen und diese an ihr. Die Idylle endet aber, wenn die Kätzchen der Mama mit ihren spitzen Zähnen lästig werden. Unter Fauchen und unhöflichen Ohrfeigen bricht die Familie auseinander. Jeder sorgt nun für sich allein und geht seiner Wege. Ganz selten bleibt ein Rest von Familienglück zurück. So versteht sich die Katze gelegentlich noch leidlich gut mit ihren Kindern. Ich sah schon große Katerlümmel ein paar Schlückchen Milch bei der zierlichen Mama stibitzen.

Ansonsten hält man in Katzenkreisen dezent auf Distanz. Selbst der Kontakt zum anderen Geschlecht wird bei Rolligkeit nur zögernd aufgenommen und dauert nicht lange. Die Haltung mehrerer erwachsener Katzen in einem Raum ist für die Tiere meist eine Qual.

Trotz der mürrischen Einzelgängerpose kommt es aber zu ausgesprochen engen Bindungen zwischen Katze und Mensch. Der Ausdruck »Freundschaft« ist keineswegs übertrieben. Jeder Katzenfreund hat dieses beglückende Gefühl erlebt, und man muß sich fragen, wie das möglich ist. Die Verhaltensforscher haben eine verblüffende Theorie entwickelt. Das Verhalten erwachsener Katzen untereinander wird von den starken Spannungen

bestimmt, die sich durch Revierverteidigung, Abwehr, Rivalität oder Sexualität ergeben. Das zarte Pflänzchen der Freundschaft, wurzelnd in ehemals kindlichem Anlehnungsbedürfnis, kann sich dabei nicht entwickeln. Es besteht wohl eine gewisse Sehnsucht nach der vergangenen Zeit der Freundschaft und Liebe bei der Mutter – im Umgang mit den mürrischen Katzen der Umgebung kommt es aber nie mehr zu solchen Gefühlen. Mit denen kann man ja nicht verkehren!

Der Mensch nimmt für Katzen eine Sonderstellung ein. Bei all seiner – vom Standpunkt der Katzen aus – Tapsigkeit ist er kein kätzischer Konkurrent. Außerdem zeigt sich der Mensch recht tolerant, er schlägt nicht gleich zurück, wenn anstelle einer Begrüßung gefaucht wird. So lernt ihn die Katze mit all seinen Fehlern schätzen, es kommt zur echten Freundschaft, ja Liebe.

Ein guter *Katzenmensch* ist
- leise und behutsam,
- bewegt sich nicht ruckartig,
- geht nicht stracks auf die Katze los,
- starrt ihr nicht direkt in die Augen,
- faßt sie sorgsam, wie beiläufig an,
- überredet, statt zu zwingen.

Ein rechter Hund liebt derbe Rauf- und Jagdspiele, ist für einen anerkennenden Klatscher auf die Rippen dankbar und läßt sich vor Wonne heulend ins Wasser werfen. Wer das mit einer Katze versucht, benötigt viel blutstillende Watte für sich selbst und wird sein Tierchen nur mit Glück in einem Baumwipfel wiederfinden. Katzen lieben es bedachtsam. So wie sie samtpfotig durchs Leben streifen, so hät-

Die Katze fügt sich harmonisch in eine gepflegte Wohnung ein

ten sie es auch gern bei ihren Freunden. Man merkt peinlich deutlich, wenn einer Katze unser Benehmen auf die Nerven geht. Auf diese Weise erzieht sie ihre Herrschaft in aller Stille, mit viel Takt. Die Freundschaft, die sich nicht kaufen läßt, ist der Lohn. So hat es auch besondere Bedeutung, mit einer Katze befreundet zu sein.

Dieses Buch wird sich im wesentlichen mit Erkrankungen befassen, versteht sich aber nicht als biologische Reparaturanleitung. Die Verbindung zwischen Katze und Mensch ist im häufigen Idealfall so eng, daß sie für die Gesundheit und das Wohlbefinden des Tieres eine große Bedeutung besitzt. So leidet die empfindsame Katze unter bewußtem oder unbewußtem Liebesentzug.

An Heimweh allein stirbt sie nicht direkt, es werden aber Infektionskrankheiten begünstigt, die dann zum Tode führen können. Dann wundert man sich, wenn gute Medikamente nicht anschlagen wollen. Der Grund: Das Tier hat seinen Lebenswillen verloren.

So gibt es bei Katzen eine sehr ernstzunehmende, seelisch bedingte Futterverweigerung. Natürlich helfen da Traubenzuckerinjektionen vorübergehend, das ist aber keine Lösung. Das Gemüt muß wieder in die Reihe gebracht werden.

Weshalb ich das betone? Es soll der Eindruck vermieden werden, daß Sie, als Besitzer, bei Erkrankungen relativ wenig tun können, da nur der Tierarzt die genaue Diagnose stellen und kompetent behandeln kann.

Im Gegenteil: Nur wenn Sie der Katze das Gefühl der Geborgenheit vermitteln, sie liebevoll pflegen und versorgen, wird die Kur anschlagen. Im Zweifelsfall würde auch ich, als Tierarzt, lieber auf eine drastische Behandlung verzichten, als auf die Fürsorge durch den Besitzer.

Bändigen, Untersuchen und Eingeben

Umgang mit Katzen

Wenn Sie eine Katze gegen deren Willen bändigen wollen, ist sie überall scharf, spitz und beißend. Nur wer gern mit zerbrochenen Flaschen jongliert, kann es wagen, Kätzchen unvermittelt anzugreifen und gewaltsam festzuhalten. Bitte genügend Verbandmaterial bereitlegen!

Bei Katzen geht man indirekt vor. Sie werden von oben her gestreichelt – Nacken bis Kreuz – und dann spielerisch ergriffen. Eine Hand faßt unter die Brust, die andere dirigiert den Rest sorgsam.

Zur Untersuchung setzen Sie die Katze zweckmäßigerweise auf eine glatte, erhöhte Unterlage. Der Grund: Hier finden die Krallen keinen Halt, und die Höhe – auch wenn es nur ein Tisch ist – macht sie etwas unsicher. Nicht weghuschen lassen! Diese klugen Tiere lernen blitzschnell und

nützen jede Schwäche aus. Daher wichtig: Jede Hantierung muß *beim ersten Mal* klappen!

Wenn sie sich zu entwinden sucht, wird der Griff unmerklich fester, ohne etwa zu würgen. Die Hände umfassen dabei den Vorderkörper, wie die Abbildung (S. 10 oben) zeigt. Fest bei Abwehr, locker-streichelnd bei Folgsamkeit. So läßt sich schon allerlei mit dem Patienten anfangen.

Da Katzen infernalisch kratzen und beißen können, liegt der Gedanke an Schutzhandschuhe nahe. Ich bin dagegen und begründe mein Urteil folgendermaßen: Dünne Schutzhandschuhe nützen überhaupt nichts, da sie spielend durchgebissen werden. Sie müßten aus kräftigstem Leder sein, dicker als die üblichen Arbeitshandschuhe. In Frage kommen dafür etwa Falknerhandschuhe. Bei schmerzhaftem Griff bleiben die Krallen zu fürchten, die an

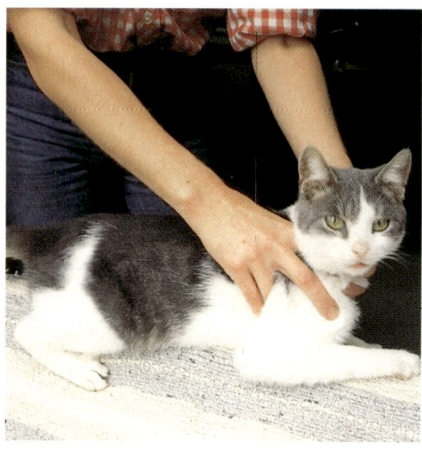

Sanft, aber bestimmt, so hält man eine gutwillige Katze

Ihren Armen arbeiten werden. Also müßten noch lange Stulpen daran sein. Nun sind Sie zwar geschützt – können mit den Ungetümen aber keine Katze mehr festhalten! Der Griff ist viel zu steif. Entweder entwischt sie oder sie wird bei Kraftentfaltung ernsthaft verletzt, denn Rippen, sogar Beine, sind schnell gebrochen.

Ebenso wenig Erfolg verspricht das vielfach empfohlene Katzentuch. Dieses ist aus festem Stoff, wird um die Katze gelegt, und sie soll durch das Tuch hindurch mit den Händen festgehalten werden. Meistens gelingt das nicht! Oft reißt sie aus, dann hat man das Tuch in der Hand und den Patienten unterm Schrank.

Bei diesem heiklen Geschöpf lasse ich nur die bloße menschliche Hand gelten, und auch die soll noch feinfühlig sein. Die Technik des Festhaltens wurde bereits

beschrieben: den Griff bei Abwehr verstärken; wenn die Katze zur Mitarbeit bereit ist, lockern. Sie werden sich wundern, wie schnell die schlauen Katzen merken, daß es hier ausnahmsweise nicht nach ihrem Willen geht. Sie fügen sich mit der bekannten Katzentoleranz in ihr Schicksal: »Menschen haben eben manchmal merkwürdige Ideen!« Auf diese Weise können Sie nahezu jede Katze gut untersuchen, auch ein Thermometer einführen und sie für die problematische Eingabe festhalten. Bitte üben, wenn noch kein Ernstfall vorliegt! Es soll mehr ein Spiel sein.

Kritisch wird es bei schmerzhaften Manipulationen. Dazu ein offenes Wort: Lassen Sie die bitte bleiben! Das grenzt nämlich leicht an Tierquälerei. Es kommt jedoch vor, daß Sie die Katze – etwa für Injektionen – festhalten müssen, wenn der Tierarzt keinen Helfer hat. Das soll im Interesse des

---

Der Zwanggriff. Nur fest zupacken, die Katze darf jetzt nicht entwischen. So kann sie weder Zähne noch Krallen einsetzen

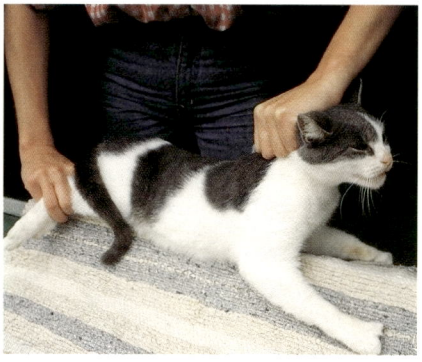

Tieres schnell gehen und muß daher ausnahmsweise sehr bestimmt erfolgen.

Beim *Zwanggriff* bleiben Ihre Hände ungeschützt, denn es passiert ihnen wirklich nichts. Zuerst packen Sie die Katze mit einer Hand *ganz fest* im Nackenfell. Nicht zaghaft mit zwei Fingern, sondern richtig zufassen. Das kennt jede Katze noch von ihrer Mama; auch der Kater ergreift so die Katze beim Liebesspiel mit den Zähnen. Es ist also kein ungewohnter Zwang. Die freie Hand ergreift nun *beide* Hinterbeine. Und spätestens jetzt werden alle Angehörigen hinausgeschickt, denn es sieht nicht mehr schön aus. Sie ziehen die Katze weit auseinander. Ganz weit, der Körper muß völlig gestreckt sein. So kann der Tierarzt ruhig injizieren. Danach lassen Sie mit beiden Händen gleichzeitig los und wischen sich den kalten Schweiß von der Stirn. Wer das Tierquälerei nennt, vergißt, daß es schließlich um die Gesundheit der Katze ging. Eine Alternative wäre noch die Sackmethode. Das Tier in einen Sack stopfen und durch den Stoff injizieren lassen. Unmöglich – sie ängstigt sich unsagbar!

Etwas ist bei jeder ungewohnten Hantierung mit der Katze wichtig: *immer beruhigend auf sie einreden.* Stille macht Katzen mißtrauisch und ängstlich.

Hat sie Fieber? Eine wichtige und einfache Untersuchung: Den Schwanz möglichst nah am Ansatz fassen, und das Thermometer einführen

Thermometer

Die Messung der Körpertemperatur ist eine einfache und sehr wichtige Methode, um den Grad einer Erkrankung feststellen zu können. Wenn die Katze erbricht, Durchfall hat, eine Mahlzeit ausläßt, ihre Augen tränen – das kann alles harmlos sein. Sobald aber die Temperatur ansteigt, muß dringend etwas unternommen werden. Der Tierarzt wird dankbar sein und auch Respekt bekommen, wenn Sie den Temperaturverlauf des Patienten säuberlich aufgeschrieben mit in die Sprechstunde bringen.

Ein Thermometer gibt es wohl in jedem Haushalt, bitte benutzen Sie es auch ausgiebig. Die Technik ist leicht zu erlernen und sollte schon beim gesunden Tier geübt werden. In Frage kommt nur die Messung im Mastdarm (rektal).

Setzen Sie die Katze dazu auf den glatten Tisch. Der Arm oder Schoß ist als Unterlage nicht günstig. Sie kann sich schmerzhaft einkrallen und den Körper krümmen, wobei das Thermometer herausrutscht. Eine Person hält die Katze mit beiden Händen überredend am Vorderkörper. Die andere faßt mit der linken Hand den Schwanz, möglichst dicht am Ansatz. Das heruntergeschüttelte Thermometer wird großzügig mit Hautcreme bestrichen und gerade, also parallel zur Wirbelsäule, etwa vier cm tief in den After eingeführt. Machen Sie das mit Gefühl, keineswegs kraftvoll. Die Katze findet das peinlich und versucht, sich zu entwinden. Der Vordermann hält sie sanft, aber fest, der Hintermann bremst Abwehrbewegungen mit der Hand am Schwanz und folgt mit dem zwischen zwei Fingern gehaltenen Thermometer jedem Schüttler. Bloß nichts verletzen! Im Zweifelsfall wird es herausgezogen, der Patient beruhigt, bevor das Instrument erneut eingeführt wird. Zwei bis drei Minuten muß das Thermometer im Darm bleiben. Jetzt wird abgelesen: der *Normalbereich* liegt mit *38 bis 39,5° C* recht hoch. Ab 40° C hat jede häusliche Hilfe zu enden – der Patient muß zum Tierarzt. *Sehr wichtig* nach dieser Prozedur: Der Vordermann läßt die Katze nicht sausen. Sie wird sanft gehalten, und der Vorgang endet in einer versöhnenden Schmuserei.

Zäpfchen einführen

Viele Arzneimittel gibt es in Zäpfchenform (Suppositorien), das hat viele Vorteile. Das Medikament wird vom Darm schnell auf-

genommen, die Wirkung setzt also rasch ein. Vor allem lassen sich Zäpfchen recht bequem verabreichen.

Das Verfahren ähnelt dem beim Einführen eines Thermometers. Zwei Personen sind besser, Sie können das Zäpfchen aber auch allein der Katze einführen, wenn sie nicht zu ungebärdig ist. Dafür hält man sie auf dem Schoß. Eine Hand ergreift wieder den Schwanz, die andere schiebt das eingefettete Zäpfchen zügig in den After. Einfetten ist besser als das Eintauchen in warmes Wasser, da Sie sich dann sehr beeilen müssen.

Auch hierbei zeigt sich die Katze normalerweise unangenehm berührt. Wenn sie entwischt, kann das Zäpfchen leicht wieder ausgepreßt werden. Behalten Sie sie also noch etwa fünf Minuten auf dem Schoß und schmusen ablenkend mit ihr herum. Dabei nicht die beste Kleidung anziehen!

Ohrentropfen verabreichen

Lächerlich einfach erscheinende Handlungen können bei falscher Technik zum Problem werden. Das gilt auch für die Gabe von Ohrentropfen.

Die Ohrmuscheln der Katze sind relativ klein und sehr beweglich. Wenn Sie schnell einige Tropfen in die Ohren des mit Mühe festgehaltenen Tieres geben, passiert folgendes: Mit einem Riesensatz entfleucht der Patient, Ihnen einige Fäden aus der Jacke ziehend. Dann wird kurz und heftig der Kopf geschüttelt, so daß die teuren Tropfen als Ölspur von der hellen Hose über den Perserteppich bis zur Übergardine reichen.

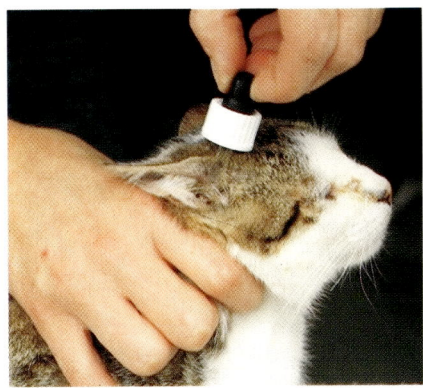

So können Sie die Ohrentropfen ohne Hilfe verabreichen. Falls nötig, die Ohrmuschel etwas nach hinten ziehen

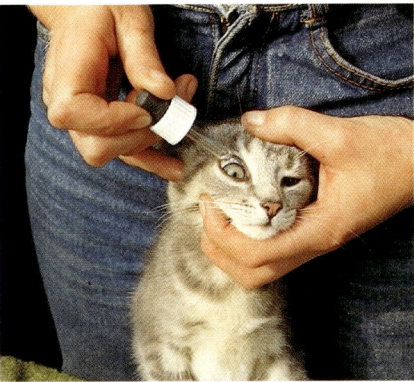

Mit der Pipette dicht an den Augapfel heran. Noch besser, Sie nehmen dazu die Katze auf den Schoß

Gehen Sie bitte behutsam vor, dann schaffen Sie es sogar allein. Die Tropfen sollten in der Hosentasche oder in der Hand hübsch angewärmt sein. Jetzt zieht man sich eine Schürze über und nimmt die Katze auf den Schoß. Sanft, aber bestimmt wird das Köpfchen mit einer Hand so gedreht, daß die Ohröffnung nach oben zeigt. Der Daumen zieht die Ohrmuschel etwas nach hinten. Ohne Hast tropfen Sie nun in das weit geöffnete Ohr. *Jetzt aber schnell:* Flasche wegstellen und das Ohr am Ansatz sanft massieren. Ah, das tut gut, da vergißt man das Schütteln! Der Sinn liegt einmal darin, das Mittel gut in der Tiefe zu verteilen, zum anderen sollte es nicht ausgeschüttet werden.

Wichtig: Der Vorgang muß der Katze angenehm sein, denn mit einer einmaligen Behandlung ist es ja nicht getan. Sie wird sich dann immer weniger sträuben.

Augenpräparate verabreichen

Mit Recht hat wohl jeder vor dem Auge Respekt. Die Arzneimittelverabreichung bietet bei halbwegs willigen Katzen aber keine Probleme. Bei den ersten Malen benötigen Sie eine Hilfsperson. Wenn der Patient aber erst einmal gemerkt hat, daß er einerseits nicht entweichen kann und der Vorgang andererseits nicht schmerzhaft ist, geht es auch allein.

Stecken Sie die Präparate vorher in die Hosentasche oder wärmen Sie sie in der Hand an. Kalte Tropfen oder Salben irritieren jedes Auge, körperwarm ist es viel angenehmer und kaum zu spüren. Dann wird die Katze sanft auf den Schoß genommen. Eine Hand faßt den Kopf, mit Daumen und Zeigefinger der anderen spreizen Sie vorsichtig die Lider auseinander. Jetzt sollte die zweite Person mithelfen. Das

bedarf aber sorgfältiger Einweisung. In begreiflicher Aufregung und Angst vor dem empfindlichen Auge versucht man meist, die Tropfen wie ein Bomberpilot aus großer Höhe abzulassen und Salbe fingerlang herauszudrücken. So landet ein Großteil der Flüssigkeit auf der Bluse oder der Krawatte, die Salbe im Regelfall an den Händen. Die Tropfpipette darf höchstens 1 cm vom Auge entfernt sein, die Salbe wird direkt zwischen Augapfel und Lid aufgetragen. Bei Augenpräparaten sind Pipettenspitze und Tubenöffnung abgerundet, eine Augenverletzung ist daher *nicht* möglich.

Wie immer, nach vollbrachter Tat etwas mit der Katze schmusen. Der letzte Eindruck soll angenehm sein.

Betrachten der Mundhöhle

Die Katze reibt sich mit den Pfoten am Schnäuzchen? Sie speichelt stark, kann nicht kauen? Sie sollten dann in der Lage sein, die Mundhöhle kurz zu inspizieren. Dafür benötigen Sie einen sehr hellen Raum. Besser ist noch eine hilfreiche Person mit Taschenlampe. Alles muß etwas zügig ablaufen, denn Ihr Kätzchen ist kein Löwe, der den Kopf des Dompteurs sekundenlang im Rachen duldet. Es ist Geschmackssache, ob Sie die Katze auf den glatten Tisch setzen oder auf den Schoß nehmen. Im letzteren Fall wirkt der Vorgang beiläufiger, was immer ein Vorteil ist. Dann wird sie mit einer Hand locker gehalten. Die andere umfaßt den Kopf und nimmt eine Ohrmuschel zwischen Daumen und Zeigefinger. Jetzt *sanft* am Ohr

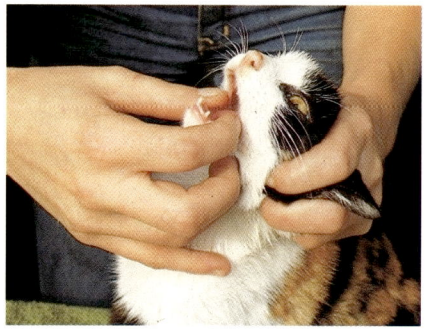

Jetzt schnell ins Mäulchen schauen! Lange läßt sie sich das nicht gefallen

ziehen und mit der anderen Hand die Öffnung des Mäulchens beschleunigend unterstützen. Dabei langt der Kenner nicht hinein, sondern drückt nur auf die Backen. Mit Gewalt läuft nichts! So werden Sie aber kurz hineinschauen können. In diesem Augenblick leuchtet Ihnen die aufgeregte Hilfsperson mit der Lampe meist blendend in die Augen. Weisen Sie vorher darauf hin, daß aus einem halben Meter Entfernung auf die Mundhöhle gezielt werden soll. Man hat mir die Lampe bei solcher Gelegenheit nämlich auch schon auf die Stirn geknallt! Mit etwas Übung läßt sich ein schneller Überblick gewinnen. Der Vorgang endet mit Schmusen.

Eingabe von Flüssigkeiten

Wir tasten uns langsam zu den schwierigeren Hantierungen vor. Wenn Flüssigkeiten eingegeben werden sollen, gibt es drei Möglichkeiten.

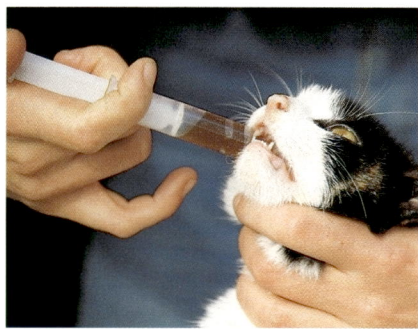

So gibt man Flüssigkeit ein. Das klappt meist recht gut

1. Die Lösung schmeckt so gut, daß Ihre Katze sie freiwillig aufleckt. Das ist der Idealfall. Natürlich üben Sie dann keinen Zwang aus und setzen ihr das Medikament in einem kleinen Schüsselchen oder auf einem Teller vor.

2. Die Lösung schmeckt halbwegs akzeptabel, wird aber nicht freiwillig aufgeleckt. Das ist ein Fall für die gleich beschriebene Eingabeprozedur.

3. Die Lösung schmeckt der Katze gräßlich. Das ist schlecht. Sie werden Ihren Patienten ein- bis zweimal überlisten können, danach ist aber Schluß. Wenn irgend möglich, sollte die Arznei dann in Tabletten-, besser noch in Dragéeform verabreicht werden.

Um Flüssigkeiten einzugeben, können Sie einen Zitterakt mit dem Teelöffel durchführen. Das Mäulchen wird – wie gerade beschrieben – geöffnet, die Nase zeigt nach oben. Eine Hilfsperson naht dann mit einem Plastiklöffel und schüttet ein. Sie halten den Kopf der Katze noch ein paar Sekunden nach oben, dann muß sie schlucken. Auch in dieser Situation sollten Sie nicht die beste Kleidung anhaben.

Eleganter gelingt das Eingeben mit einer der üblichen Plastikinjektionsspritzen ohne aufgesetzte Nadel. Sie erhalten sie gebraucht bei Ihrem Tierarzt, sonst kann man sie auch in der Apotheke kaufen. Auf folgende Weise geht es ohne eine zweite Person: Mit einer Hand halten Sie den Katzenkopf, wobei das Mäulchen geschlossen bleiben kann. Nase wieder nach oben. Jetzt schieben Sie den Ansatz der Spritze spielerisch seitlich in die Backentasche und drücken ruhig ab. Nase bleibt oben! Das läßt sich gut mit Honigmilch üben. Auf diese Weise kann man auch die von mir nicht sonderlich geschätzte Fütterung bei Appetitlosigkeit versuchen. Dazu später.

Eingabe von Tabletten

Sie sind jetzt schon recht versiert. Bei Fieber schleppt die Katze das Thermometer bald selber heran, bei Zäpfchen vergessen Sie nicht mehr so häufig, das Stanniol abzumachen, Ohrentropfen träufeln Sie lässig während der Kaffeemahlzeit ein, und die Mundhöhleninspektion gelingt ohne Fingerverlust. Damit sind Sie für die Spitzenleistung des Umgangs mit Katzen befähigt: die Eingabe von Tabletten. Versuchen Sie es zuerst mit List. Das ist auch die einzig akzeptable Methode bei der Dauerverabreichung, etwa von Hormontabletten zur Rolligkeitsunterdrückung. Eine Leckerspeise wird *nur* für diesen Zweck reserviert. Ich denke da an Leberwurst. Die

Katze sollte Ihnen hungrig um die Beine streichen. Jetzt wird eine Überraschungspille aus Wurst – oder anderem – mit der Tablette in der Mitte geformt, etwas kleiner als eine Kirsche. Sie wird sie sicherlich nehmen, die Hormontabletten sind ja auch klein und geschmacksneutral. Ist das nicht der Fall, so findet man die säuberlich abgeleckte Tablette später irgendwo auf dem Fußboden wieder, während die Wurst gut gemundet hat. In diesem Falle wird zum schon bekannten, mild-überredenden Zwang gegriffen.

Sie kennen ja die Technik des Mäulchenöffnens. Die Nase zeigt an die Decke. Jetzt muß die Tablette über den Zungengrund – das ist ziemlich tief – plaziert werden. Nur

---

Das Eingeben einer Tablette. Durch Zug am Ohr und Druck auf die Backen mit der linken Hand sind die Finger der rechten vor Bissen geschützt

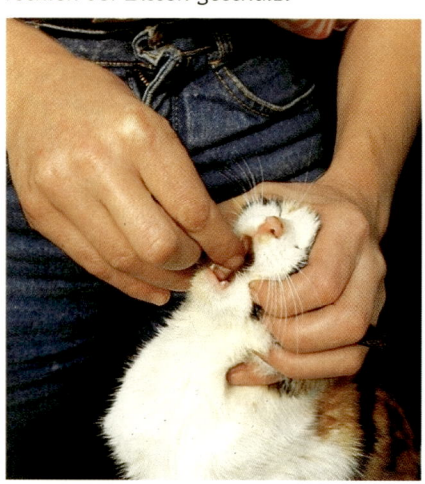

dann wird der Schluckreflex ausgelöst. Das kann man mit zwei Fingern machen. Die andere Hand drückt dabei sichernd auf die Backenhaut, damit die Zahnreihen nicht zuklappen.

Der Tierarzt nimmt zur Eingabe eine gebogene Zange. Das empfehle ich Ihnen nicht, denn die Verletzungsgefahr ist für die Katze zu groß. Hervorragend eignet sich aber eine weiche Plastikpinzette aus dem Spielzeugsanitätskasten Ihrer Kinder.

Na, leckt sie sich über die Nase? Das ist das Zeichen für Abschlucken. Mein Kompliment. Abschließend eine dringende Bitte. Nutzen Sie Ihre Fertigkeiten zum Eingeben nicht für Zwangsfütterung bei Appetitmangel! Das darf nur auf ausdrückliche Anweisung des Tierarztes geschehen, und da nimmt man besser flüssige Nahrung. Denn Futterverweigerung ist meist eine sehr vernünftige Selbstheilungsmaßnahme des Organismus und krankheitsbegleitend, nicht aber die Krankheit selber.

Krallen kürzen

Vom Hund unterscheidet sich die Katze auch dadurch, daß sich ihre Krallen nicht beim Laufen abnützen. Sie werden willkürlich eingezogen. So spielt die wohlerzogene Katze mit Ihnen, indem sie zwar fauchend zuschlägt, dabei die spitzen Waffen aber säuberlich verborgen hält.

Mit Leidenschaft schärft sie ihre Krallen. In der Natur geschieht das an Baumstämmen; bei Ihnen an der Ledergarnitur, Brokat-Übergardine oder dem Gobelin. Sie müssen ihr klarmachen, daß diese in Katzenkreisen völlig natürliche Handlungs-

Am künstlichen Baumstamm wird eifrig gekratzt. Das schont die Möbel!

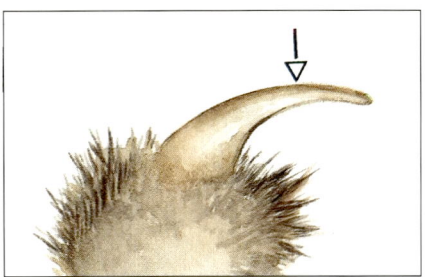

Der Pfeil zeigt die Stelle, bis zu der die Kralle abgeknipst werden kann

weise an Ihren besten Sachen nicht erwünscht ist. Da hilft ein scharfes Wort, ein Wurf mit der Zeitung oder – besonders wirkungsvoll – das Anspritzen mit einer Blumenspritze oder Wasserpistole. Bitte lassen Sie sich nicht von der Katze tyrannisieren. Das Zusammenleben soll und muß beiden Seiten Freude machen!

Zum Schärfen der Krallen ist ein Kratzbaum oder Kratzbrett, wie es sie in Zoogeschäften zu kaufen gibt, hervorragend geeignet. Natürlich lassen sich solche Gegenstände auch selber basteln. Das höl-zerne Wunderwerk müssen Sie nur mit Jutegewebe oder einem anderen groben Stoff überziehen. Ach, das macht Spaß, so richtig genußvoll kratzend die Krallen zu schärfen!

Sollte Ihre Katze in dieser Hinsicht besonderen Ärger machen, können die Krallen der Vorderbeine auch problemlos gekürzt werden. Wenn man die Zehe mit Daumen und Zeigefinger drückt und dabei streckt, schiebt sich der kleine Krummsäbel hervor. Mit einer Fußnagelzange kann man etwa ein Drittel abknipsen. Falls Blut kommt, sind Sie zu weit gegangen. Das ist kein Drama, die Katze wird es Ihnen aber mit Recht übelnehmen. Machen Sie am nächsten Tag an den noch ungekürzten Krallen weiter. Damit ist das Kratzproblem für einige Zeit deutlich verringert. Danach sollten Ihre Erziehungsmaßnahmen – wie oben geschildert – gegriffen haben. Nie vergessen: Katzen sind kluge Tiere!

Wir beugen vor

Infektionskrankheiten und Impfungen

Wie bereits ausgeführt wurde, bezieht sich die sprichwörtliche Zähigkeit der Katze fast ausschließlich auf ihre Fähigkeit, auch schrecklichste Verletzungen noch zu überleben. Gegenüber Infektionen ist sie aber hochempfindlich und besitzt wenig natürliche Widerstandskraft. Am besten sprechen Sie rechtzeitig mit Ihrem Tierarzt über die nötigen Maßnahmen.

So ist einem verantwortungsvollen Katzenbesitzer nicht zu raten, einfach abzuwarten, ob sein Kätzchen die betreffende Erkrankung überhaupt bekommt oder nicht. Die ausgebrochene Infektion ist nämlich nur sehr schwer und mit geringen Erfolgsaussichten zu behandeln (*Katzenseuche*, mit kleinen Einschränkungen *Katzenschnupfen*) oder führt immer zum Tode *(Tollwut)*. Die scharfen Waffen der modernen Medizin, wie Antibiotika oder Sulfonamide, versagen nun einmal bei diesen Virusinfektionen.

Ein wirkungsvoller Schutz gegen die drei genannten Erkrankungen ist daher nur durch die *korrekt durchgeführte Schutzimpfung* möglich. Leider gibt es aber noch nicht für alle Infektionskrankheiten einen Impfstoff. Drei Virusinfektionen verlaufen chronisch, das heißt schleppend, über Jahre hinweg: *Katzenleukose, Bauchfellentzündung* und *Katzen-Immunschwäche*. Eine ursächliche Behandlung ist bei allen dreien nicht möglich. Man konnte über sie allerlei Phantasievolles in der Presse lesen. Was hierzu in diesem Kapitel gesagt wird, gilt inzwischen als wissenschaftlich gesichert.

Impfpaß

Beim Kauf eines Kätzchens wird häufig versichert: »Sie ist geimpft!« Gelegentlich stellt man Ihnen diese Kosten auch gesondert in Rechnung, wogegen nichts zu sagen ist. Geimpft mag sie sein, die Frage ist nur: *wann – wogegen – wie oft – welcher Impfstoff*. Ohne diese Angaben können Sie mit der versichernden Auskunft des Verkäufers wenig oder nichts anfangen. Bitte bestehen Sie auf einem tierärztlich ausgefüllten *Impfpaß*. Jeder Impfstoffhersteller liefert die durch das Internationale Grüne Kreuz vereinheitlichten Paßformulare kostenlos zu seinen Produkten. Kein Tierarzt wird die Eintragungen nach der Impfung ablehnen. Warum sollte der Impfpaß also *nicht* vorhanden sein? Nur anhand dieses Dokumentes kann Sie Ihr Tierarzt über die erforderlichen Wiederholungsimpfungen beraten. Liegt kein Impfpaß vor, so gehen Sie davon aus, daß die Katze *nicht* geimpft wurde – mag sie auch irgendeine Spritze erhalten haben. Impfkosten würde ich an Ihrer Stelle in einem solchen Falle keineswegs übernehmen.

Aktive Immunisierung

Die hier besprochenen Schutzimpfungen stellen eine sogenannte aktive Immunisierung des Impflings dar. Das Prinzip: Der Katze werden abgeschwächte oder abgetötete Krankheitserreger injiziert. Die wirken wie eine »kleine« Krankheit. Der Kör-

per wird nun *aktiv,* aus sich heraus, Schutzstoffe dagegen bilden. Das ist eine echte Leistung. Zweierlei müssen Sie dabei bedenken:

1. Nur ein gesunder und kräftiger Organismus kann ausreichend schnell Schutzstoffe in genügender Menge bilden. Geschwächte, kranke oder verwurmte Tiere bilden wenig oder keine Schutzstoffe. Die Impfung bleibt nutzlos und verursacht nur Kosten.

2. Es dauert eine gewisse Zeit, bis die Schutzstoffe gebildet sind. Solange steht das Tier der Infektion noch ungeschützt gegenüber. Das ist der Grund, weshalb es der Grenzbeamte nicht akzeptieren darf, wenn die Katze am Vortag der großen Reise noch flink gegen Tollwut geimpft wurde.

Bei der Impfung junger Kätzchen kommt ein kniffliges Problem dazu. Von der Mama haben sie – hoffentlich – Schutzstoffe gegen die wichtigsten Erkrankungen mit der Milch erhalten. Die kleinen, hilflosen Geschöpfe sind also zunächst gut gegen die Unbilden der Welt geschützt. Diese speziellen Stoffe – man spricht von *maternalen (=mütterlichen) Antikörpern* – sind bis etwa zur 12. Lebenswoche nachweisbar. Ihre lebenswichtige Aufgabe: Schutz der Jungen vor Infektionen. Wird nun aber vor der 12. Lebenswoche – die Kätzchen sollen ja aus dem Haus – geimpft, so richten sich die Antikörper guten Willens gegen den Impfstoff. Sein Effekt wird zum größten Teil neutralisiert, die verbleibende Schutzwirkung ist nur recht kurz. Darin liegt der Grund für die wichtige *Nachimpfung junger Tiere.*

Sie merken schon, Impfung bedeutet nicht, daß man die heute erhältlichen, hervorragend wirksamen Impfstoffe schnell und ohne eigene Verletzungen injiziert. Es ist ein Jonglieren zwischen Krankheitsgefährdung, Lebensalter, Berücksichtigung besonderer Umstände bei der Haltung – wobei an einen verseuchten Bestand gedacht wird – und vieles mehr. Das kann nur ein versierter Tierarzt, und um Schäden vorzubeugen, hat der Gesetzgeber alle Impfstoffe unter Rezeptpflicht gestellt. Die Spritze könnte ein beherzter Katzenhalter schließlich auch selber geben, daran liegt es nicht.

Impfpläne sind als wichtiger Anhaltspunkt gedacht, den tierärztlichen Rat können sie nicht ersetzen.

Katzenseuche

Die Impfung gegen *Katzenseuche (Panleukopenie)* ist ein Muß! Wer einmal erlebt hat, wie jämmerlich junge und erwachsene Katzen an dieser schlimmen Erkankung sterben, wird diese entschiedene Haltung verstehen.

Es ist praktisch nicht möglich, das Tier vor dem allgegenwärtigen Virus zu schützen. Gab es beim Züchter einmal Panleukopenie im Bestand, so wird der Erreger mit jedem Kätzchen weitergeschleppt. Die Krankheit bricht grausam aus, wenn die von der Mutter mitgegebenen Abwehrstoffe (=maternale Antikörper) spätestens nach zwölf Lebenswochen verschwinden. War der Zuchtbestand aber panleukopeniefrei, so stehen die Tierchen einem Fremdvirus beim ersten Kontakt völlig

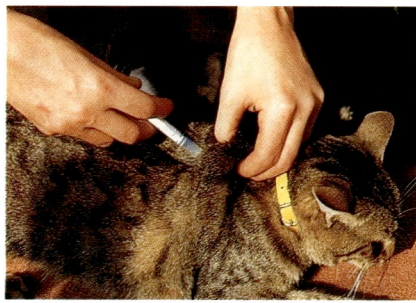

Die Impfung. Ein kleiner Stich, der vor schweren Leiden schützt

ungeschützt gegenüber. Aus dieser Zwickmühle hilft nur die korrekte Impfung:

● Jungkatzen: Mit etwa acht Lebenswochen sollten sie beim Züchter die *1. Schutzimpfung* erhalten. Das wird säuberlich im Impfpaß dokumentiert. Die *2. Schutzimpfung* erfolgt dann bei Ihnen zu Hause nach weiteren zwei bis vier Wochen. Ist die Katzenseuche beim Züchter lange nicht aufgetreten, rate ich zum längeren Abstand, also vier Wochen. Die Kätzchen sind dann zwölf Wochen alt. Hatte der Züchter Probleme, die er Ihnen hoffentlich nicht verschweigt, so sollte die 2. Impfung früher erfolgen, also ungefähr nach zwei Wochen (= 10. Lebenswoche). Damit ist die wichtige *Grundimmunisierung* Ihrer Katze beendet. Sie hat einen zuverlässigen Schutz, der zwei Jahre anhält.

● Erwachsene Katzen: Wenn eine erwachsene Katze in Ihren Haushalt kommt, schauen Sie gleich in dem Impfpaß. Sie wurde *vor weniger als zwei Jahren* gegen Katzenseuche geimpft? Wunderbar, dann ist sie geschützt, und die Wieder-

holungsimpfung wird zwei Jahre nach der letzten fällig – bitte den Termin gleich in den Kalender eintragen!

Die Impfung liegt *etwa zwei Jahre zurück?* Dann sollten Sie die Katze in den nächsten zwei bis drei Wochen wieder impfen lassen, nachdem sie sich bei Ihnen eingelebt hat. Der neue Hausgenosse kam *ohne Paß,* als Flüchtling, zu Ihnen? Dann muß er nach kurzer Eingewöhnungszeit, bei der Sie stark die Daumen drücken, daß alles gut geht, *einmal* geimpft werden. Das ist schon die Grundimmunisierung. Bei erwachsenen Tieren reicht nämlich eine Injektion für zwei Jahre Schutz aus.
Vertrauen Sie nicht den zweifelhaften Katzenkennern, die behaupten, ältere Tiere bekämen keine Katzenseuche mehr. Jeder Tierarzt kann aufgrund seiner fast täglichen traurigen Erfahrung diese irrige Meinung widerlegen!

Katzenschnupfen

Es ist richtig, daß der Katzenschnupfen in erster Linie Jungkatzen befällt. Diese sind hochgradig gefährdet. Erwachsene Tiere erkranken aber ebenfalls, wenn sie keine Schutzstoffe erwerben konnten. Der Krankheitsverlauf ist bei ihnen schleppend und zieht sich lange hin. Die Behandlung wird dann recht teuer. So ist eine Schutzimpfung die beste Lösung:

● Jungkatzen: Die *Grundimmunisierung* erfolgt wie bei der Katzenseuche durch zwei Injektionen im Abstand von zwei bis vier Wochen. Die erste Spritze wird man ab der 8. Lebenswoche geben, die zweite

Impfplan

Katzenseuche, Katzenschnupfen, Tollwut	
Grundimmunisierung *(Jungkatze)*	
8. Lebenswoche	Katzenseuche + Katzenschnupfen
dann	
12. Lebenswoche	Katzenseuche + Katzenschnupfen
	Tollwut
Grundimmunisierung *(erwachsene Katze)*	
nach Eingewöhnung	Katzenseuche + Katzenschnupfen
	Tollwut
	oder
	Katzenseuche + Tollwut
4 Wochen später	Katzenschnupfen
Wiederholungsimpfungen *(alle Tiere)*	
jährlich	Tollwut
	Katzenschnupfen
alle 2 Jahre	Katzenseuche
In Sonderfällen, bei verletzten oder kranken Tieren und besonderer Infektionsgefahr, wird Ihr Tierarzt dieses Schema entsprechend ändern.	

dann entsprechend im Alter von zehn (bei hoher Krankheitsgefährdung) oder zwölf Wochen (bei geringer Krankheitsgefährdung). Nur *eine* Impfung beim Züchter ist auf keinen Fall ausreichend!
Nach der Grundimmunisierung müssen die *Wiederholungsimpfungen jährlich* erfolgen. Die Wirkung hält also nicht so lange an wie bei der zuvor beschriebenen Katzenseuche.
● Erwachsene Katzen: Hier zögere ich etwas bei der Empfehlung zur Impfung. Wenn das Tier kräftig und gesund ist und in Ihrem Heim kein Fall von Katzenschnupfen vorkam, dann könnten Sie riskieren, auf die Spritze zu verzichten.

Soll aber geimpft werden, wofür das Argument der größeren Sicherheit spricht, dann sind für die *Grundimmunisierung* auch bei erwachsenen Katzen immer *zwei* Injektionen im Abstand von zwei bis vier Wochen erforderlich. Finden Sie einen Impfhinweis im Impfpaß, so ist zu bedenken, daß der Schutz *ein Jahr* anhält. Nach Ablauf dieser Frist ist eine Wiederholungsimpfung fällig.

Die Überlegungen, ob Impfung gegen Katzenschnupfen oder nicht, können Sie sich sparen, wenn ein *Kombinationsimpfstoff* verwendet wird. (Siehe dazu die Ausführungen auf Seite 25.)

Tollwut

Die *Erkrankungsgefahr* ist bei Tollwut *gering!* Das Virus liegt nicht »in der Luft« wie bei Katzenseuche oder Katzenschnupfen. Es muß ein handfester Kontakt mit infizierten Tieren erfolgen. Katzen, die im Haus gehalten werden oder glücklich im Garten abseits tollwutgefährdeter Bezirke herumspazieren, brauchen also *nicht* gegen Tollwut geimpft zu werden. Erscheint dagegen ein Kontakt mit Tollwutträgern auch nur theoretisch möglich, so gibt es wiederum keine Wahl: impfen lassen! Die Impfung ist zwingend, wenn Sie mit der Katze ins Ausland wollen.

Gegen Tollwut geimpfte Katzen genießen beim Gesetzgeber einen Sonderstatus. Gerät ein ungeimpftes Tier auch nur in *Tollwutverdacht,* so muß es getötet werden. Das ordnungsgemäß geimpfte Tier (nur der Impfpaß ist maßgebend!) darf dagegen weiterleben. Meist wird eine Nachimpfung angeordnet und in vielen Fällen Hausarrest (= Quarantäne) für eine vorsorgliche Beobachtungszeit verhängt. Sie sehen, bei dieser Erkrankung spricht der Staat ein gewichtiges Wort mit. Das ist berechtigt, denn im schlimmsten Falle stehen Menschenleben auf dem Spiel.

Das Impfschema ist erfreulich einfach. Dabei wird davon ausgegangen, daß Kätzchen unter zwölf Lebenswochen bei Ihnen noch nicht in Tollwutgefahr geraten. Ab der 12. Lebenswoche sind Jungtiere und erwachsene Katzen nämlich gleich zu behandeln. *Grundimmunisierung:* eine Injektion. *Wiederholungsimpfungen:* in jährlichem Abstand. Die volle Wirksamkeit hält also ein Jahr an.

Katzenleukose (FeLV)

Diese Erkrankung, deren Erreger das *feline Leukose-Virus (FeLV)* ist, erkennt der Tierarzt anhand einer *Blutprobe.* Das Krankheitsbild ist so unbestimmt, daß man daraus keine Diagnose ableiten kann. Die Tiere kränkeln über Jahre hinweg. Die Ansteckung erfolgt überwiegend beim Kontakt von Katze zu Katze.

Eine Schutzimpfung noch gesunder Tiere ist möglich, sie empfiehlt sich besonders für Züchter.

Bauchfellentzündung (FiP)

Die *ansteckende Bauchfellentzündung (feline infektiöse Peritonitis)* wird durch das *FiP-Virus* verursacht. Es gibt eine sogenannte trockene und, in mehr als der Hälfte der Fälle, eine feuchte Form. Dabei ist der Bauchraum mit einer fadenziehenden Flüssigkeit gefüllt. Wenn sie der Tierarzt absaugt, kommt es zu einer vorübergehenden Besserung. Die Diagnose wird durch eine *Blut- oder Bauchsekretuntersuchung* gesichert.

Eine Schutzimpfung gibt es noch nicht, die Ansteckung erfolgt überwiegend durch den Kontakt von Katze zu Katze.

Katzen-Immunschwäche (FIV)

Diese Erkrankung bekam in der Laienpresse den irreführenden Namen »Katzen-Aids«. Fälschlicherweise wurde spekuliert, daß das Virus auch Menschen gefährden könne. Das ist nicht der Fall!

Die großen Infektionskrankheiten

Erkran-kung	Erscheinungen	Erreger	Inkuba-tions-zeit[*]	Über-lebens-chan-cen	Schutz-imp-fung	Gefahr für Men-schen
Katzen-seuche (Panleu-kopenie)	Erbrechen, hohes Fieber, Appetit-losigkeit, kein Trinken	Virus	4–12 Tage	gering	sehr gut wirk-sam	keine
Katzen-schnup-fen	Nasenausfluß, verklebte Augen, Fieber, Appetit-losigkeit	mehrere Virus-arten	1–4 Tage	gut, bei guter Pflege	sehr gut wirk-sam	keine
Tollwut	wenig charakte-ristisch, Wesens-veränderung, Lähmungen	Virus	wech-selnd, etwa 2–8 Wochen	keine	gut wirk-sam	vor–handen
Leukose (FeLV)	völlig uncharakte-ristisch, kränkeln	Virus	Monate	chroni-scher Verlauf, letztlich tödlich	möglich	keine
Bauch-fellent-zündung (FiP)	Bauchwassersucht in Hälfte der Fälle	Virus	Monate	chroni-scher Verlauf, letztlich tödlich	nicht möglich	keine
Immun-schwä-che (FIV)	völlig uncharakte-ristisch, kränkeln	Virus	Monate	chroni-scher Verlauf, letztlich tödlich	nicht möglich	keine
Toxo-plas-mose	uncharakteristisch, grippeähnlich, vorübergehend	Einzeller	einige Tage	sehr gut	nicht möglich	in Sonder-fällen

[*] Inkubationszeit = Zeitspanne von der Infektion bis zum Krankheitsausbruch

Das *feline Immunschwäche-Virus (FIV)* wird in erster Linie durch die Bisse infizierter Katzen übertragen. Wie der Name sagt, leiden die Tiere an einer Schwäche der körpereigenen Abwehr. Sie erkranken also relativ oft an banalen Infektionen. Eine erhöhte Infektionsanfälligkeit läßt daher an FIV denken; die genaue Diagnose stellt der Tierarzt auf Wunsch mit einem *speziellen Test.*
Die Lebenserwartung infizierter Katzen ist deutlich verkürzt, eine Schutzimpfung wurde noch nicht entwickelt.

Kombinationsimpfstoffe

Katzen lieben es nicht sonderlich, eine Spritze zu erhalten. Bei mehreren in kurzem Abstand reagieren sie ausgesprochen unfreundlich. Dabei stört sie mehr das meist erforderliche kräftige Festhalten, als die eigentliche Injektion. Sie ist mit den modernen haarfeinen Einmalnadeln nur ein besserer Mückenstich. Deswegen braucht man sich heutzutage nicht mehr von einer als wichtig erachteten Impfung abhalten zu lassen. Die Impfstoffhersteller haben Kombinationsimpfstoffe entwickelt, die bei voller Wirksamkeit mehrere schützende Komponenten enthalten. Es braucht also jeweils nur *einmal* festgehalten und eingestochen zu werden. Folgende Kombinationen sind gebräuchlich:

● Katzenseuche + Katzenschnupfen
● Katzenseuche + Tollwut

Ein Rat für die eigentliche Impfprozedur: Üblicherweise sollte man angenehme und unangenehme Situationen mit seiner Katze teilen. Bei Krankheiten wird gerade Ihre Nähe tröstend und heilend wirken. Im Falle einer Impfung rate ich aber zur Drückebergerei! Bringen Sie die Katze zum Tierarzt und lassen Sie sie dort möglichst von seinen Helfern halten. Der Grund: Das kluge Tier wird überlistet und bezieht einen eventuellen Ärger nicht auf Sie. Im Gegenteil, von Ihnen wird sie nach der Belästigung getröstet.

Vorsicht bei Schwangerschaft

Toxoplasmose

Wenn in der engeren oder weiteren Umgebung des Katzenbesitzers eine Frau ein Baby erwartet, taucht sehr schnell der Hinweis auf Toxoplasmose auf. Man hat doch gehört, daß diese so unheimlich klingende Erkrankung mit Katzen zu tun hat und speziell Schwangeren schadet. Niemand weiß so recht Bescheid, der Ruf nach

---

Eine Katze mit totalem Familienanschluß. Natürlich können dabei auch Krankheitserreger übertragen werden

Abschaffung des Haustieres wird aber oft mit großem emotionellen Nachdruck vorgetragen. Das ist als erste Reaktion nur zu verständlich! Es geht daher nicht um eine leidenschaftliche Verteidigung der Katze, sondern um die Aufzählung der nüchternen Fakten, mit Abschätzung eines eventuellen Risikos für den Menschen. Hier hat es in jüngster Zeit wichtige neue wissenschaftliche Erkenntnisse gegeben, die in ihrer Gesamtheit unter Umständen noch nicht einmal jedem Arzt und Tierarzt bekannt sind.

Wesen der Erkrankung

Die Toxoplasmose wird durch einen Einzeller *(Toxoplasma gondii)* verursacht. Die Eier des Parasiten (es sind keine Eier im herkömmlichen Sinne, sondern sogenannte *Oozysten*) infizieren Vögel und Säugetiere aller Arten, also natürlich auch den Menschen.

Mit der Nahrung aufgenommen, vermehren sich die Toxoplasmen in den Zellen der Darmwand. Sie schwärmen dann in den ganzen Körper aus. *In diesem Stadium sind sie durch geeignete Medikamente gut zu vernichten.* Aber auch die körpereigene Abwehr wird schnell mit ihnen fertig, so daß die undeutlichen Krankheitszeichen bald verschwinden.

Die Toxoplasmose ist also eine bei Mensch und Tier denkbar harmlose, vorübergehende Krankheit. Sie ähnelt einem grippalen Infekt, wird kaum richtig erkannt und bedarf normalerweise nicht einmal einer Behandlung. Komplikationen sind sehr selten. Mittels einer Blutuntersuchung läßt sich nachweisen, ob der Betreffende schon einmal eine Toxoplasmeninfektion durchgemacht hat.

Die Toxoplasmose kommt sehr häufig vor. 60–80 Prozent aller Menschen in unseren Breiten haben irgendwann diese Infektion überstanden, auch Tiere sind ähnlich zahlreich befallen.

Bei der akuten Erkrankung wird nach der Heilung ein Teil der Toxoplasmen allerdings nicht vernichtet. Sie wandeln sich im Körper in Dauerformen – *Zysten* – um. Diese liegen dann hauptsächlich in der Muskulatur, wandern aber auch zum Beispiel in Hühnereier. Dort verursachen sie keine Schäden, können auch nicht wieder krankmachend in ihrem Wirt ausschwärmen. Durch Medikamente sind sie *nicht mehr* zu beeinflussen.

Werden Zysten mit ungenügend erhitztem Fleisch oder Hühnereiern aufgenommen, so infiziert sich der Esser daran – sofern er nicht schon früher die Erkrankung einmal durchgemacht hatte. In diesem Falle hat sich eine Immunität aufgebaut.

Zysten in Fleisch oder Eiern sind also eine der beiden Infektionsquellen für Toxoplasmose. Menschen infizieren sich hauptsächlich durch den Genuß von rohem Schweinefleisch.

Katzen und Toxoplasmose

Wie andere Tiere wird die Katze häufig von Toxoplasmen befallen. Auch bei ihr verläuft die Erkrankung meist unerkannt und völlig harmlos. Es gibt aber einen wichtigen Unterschied zu anderen Tieren, und der ist dafür verantwortlich, daß schon manche brave Katze ins Tierheim wanderte oder sogar eingeschläfert wurde. Die frisch infizierte Katze scheidet einige Wochen lang Oozysten mit dem Kot aus. *Diese Oozysten stellen – neben den Zysten in Fleisch und Eiern – die wichtigste Infektionsquelle für Toxoplasmose dar.* Sie sind leider sehr widerstandsfähig, überstehen Trockenheit und Sonneneinstrahlung. Mit dem Kot werden die Zysten zu Staub, den der Wind wegträgt. Es gibt sie wohl überall: in Gärten, öffentlichen Anlagen, Haus und Hof – wo nur irgendwie Katzen hinkommen. Diese Oozysten aus dem

Katzenkot sind der Hauptgrund für die Allgegenwart der Toxoplasmose – vor der wir uns prinzipiell nicht zu fürchten haben. Anläßlich eines Tierarztbesuches können Sie Ihrer Katze eine Blutprobe entnehmen und auf Toxoplasmose untersuchen lassen. Es gibt folgende Möglichkeiten:

● Derzeit keine Toxoplasmose: Ihr Tier wird sich früher oder später noch infizieren und dann einige Wochen Oozysten ausscheiden.

● Toxoplasmose nachgewiesen: Da gibt es zwei Möglichkeiten. Wenn Ihnen der Tierarzt von *hoch positivem* Befund berichtet, hat gerade eine Infektion stattgefunden. Die Katze ist die nächsten Wochen infektiös. Sie können symbolisch besondere Hygiene beachten, tatsächlich haben Sie sich aber wohl schon angesteckt. Bei *niedrig positivem* Befund scheidet Ihre Katze keine Oozysten mehr aus. Glückwunsch: Sie ist vor weiteren Infektionen weitgehend geschützt und damit harmlos.

Schwangere und Toxoplasmose

Die Schwangere sollte bei sich unbedingt – ob nun Katzen in der Nähe sind oder nicht – eine Blutuntersuchung auf Toxoplasmose durchführen lassen, am besten gleich zu Beginn der Schwangerschaft. Es gibt folgende Möglichkeiten:

● Toxoplasmose schwach nachgewiesen (= niedrig positiv): Mit an Sicherheit grenzender Wahrscheinlichkeit trat die Infektion lange vorher ein. Die Schwangere ist vor weiteren Infektionen geschützt und braucht sich nicht zu beunruhigen.

● Toxoplasmose ist stark nachgewiesen (= hoch positiv): Das spricht für eine Erstinfektion. Da würde ich kein Risiko eingehen und durch den Arzt eine Behandlung einleiten lassen.

● Keine Toxoplasmose ist nachgewiesen (= negativ): Das ist risikoreich, denn eine Infektion kann jederzeit erfolgen. Die schadet der Schwangeren kaum und wird daher – leider – selten erkannt. Eine Nachuntersuchung des Blutes ist im 6. Monat und sechs bis sieben Wochen vor dem Geburtstermin dringend anzuraten. Ist dabei der Befund plötzlich positiv, so muß schnellstens behandelt werden. Damit lassen sich Fruchtschäden vermeiden.

Bei *negativem* Befund würde ich eine im Haushalt lebende Katze für die Dauer der Schwangerschaft in ein Tierheim oder zu Freunden geben. Dies nur sicherheitshalber. Eine andere Möglichkeit: Die Katze wird bis zur Geburt des Kindes *täglich* mit einem geeigneten Medikament behandelt und bleibt im Hause. Dies ebenfalls nur sicherheitshalber, damit eine eventuelle Infektion nicht zur gefährlichen Oozystenausscheidung führen kann.

Embryos und Toxoplasmose

Wird eine toxoplasmose-negative Frau während der Schwangerschaft erstmals infiziert, so gehen die Toxoplasmen in etwa 50 Prozent der Fälle auf die Leibesfrucht über. Das hängt noch vom Schwangerschaftsstadium ab. *Ohne Behandlung* kommt es bei Infektionen im 1. Drittel nur zu *15 Prozent* zum Übergang auf den

Embryo, im 2. Drittel zu *45 Prozent* und im letzten Drittel zu *68 Prozent*. Es wird also immer gefährlicher – wohlgemerkt: ohne Behandlung!

Was geschieht mit dem Embryo, wenn er – was glücklicherweise so selten geschieht – befallen wird? Da gibt es viele falsche Meinungen; richtig ist:

● Toxoplasmen verursachen *keine Miß-bildungen.*

● Toxoplasmen rufen sehr *selten eine Fehlgeburt* hervor. Das kann nur geschehen, wenn der Mutterkuchen durch die Erreger stark geschädigt wurde.

● Der Befall der Frucht stellt immer ein *einmaliges Ereignis* dar, die Frau ist danach geschützt.

Trotzdem ist die Toxoplasmose für das werdende Leben keineswegs harmlos, sie muß mit allen hier aufgezeigten Mitteln verhindert werden. In Gehirn und Netzhaut können nämlich Schäden zurückbleiben, obwohl auch das Ungeborene die Erkrankung meist schnell übersteht. Diese zeigen sich tückisch erst spät in der Kindheit als *Intelligenzdefekte* und/oder *Krampfanfälle* und/oder *Sehstörungen.* Das ist schlimm und daher Grund genug, das Thema ausführlich zu behandeln.

Bei sorgfältiger Durchführung der unter »Schwangere und Toxoplasmose« genannten Maßnahmen werden sich die Schäden aber verhindern lassen. Keinesfalls sollte eine Katze unüberlegt abgeschafft werden. Das *Problem* der Toxoplasmosegefährdung wäre damit *nicht gelöst, denn Toxoplasmenoozysten sind nahezu überall,* von den Zysten in der Nahrung gar nicht zu reden.

Hauterkrankungen und Parasiten

Ektoparasiten und Hauterkrankungen

Seit langem ist bekannt, daß der Zustand der Haut ein sehr gutes Bild des körperlichen Befindens vermittelt. Wo Körper und Seele, sprich Gemütslage, so eng miteinander verflochten sind wie bei der Katze, gibt die Haut einen zuverlässigen Eindruck des Allgemeinzustandes. Dabei steht das Fell wiederum für die Haut. Das macht die Behandlung von Hauterkrankungen so kompliziert!

Es ist eben nicht damit getan, ein paar Flöhe zu töten, Pickelchen auszudrücken und Vitamin A zu füttern. Das struppige Fell der heimwehkranken Katze läßt sich mit der teuersten Vitaminkombination nicht glätten, und Räudemilben finden auf ihr eine fette Weide. Andererseits braucht ein gut gehaltenes Tier weder Parasiten noch kleinere Mangelzustände ernsthaft zu fürchten. Da warne ich geradezu vor rabiaten Behandlungsversuchen. Dies behalten Sie bitte in Erinnerung, auch wenn ich nun wieder schulmedizinisch werde.

Ungeziefer

Man möchte es nicht glauben, aber die sich ständig putzenden Katzen bringen von ihren geselligen Veranstaltungen gelegentlich etwas Krabbelndes oder Hüpfendes mit. Gar nicht zu reden von borstigen Streunern, die bei Ihnen ein neues Heim gefunden haben. Bei diesen »Mitbringseln« handelt es sich um sogenannte Ektoparasiten, das heißt Ungeziefer, das *außen*

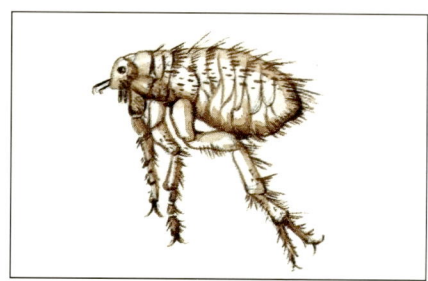

Ein strammer Katzenfloh voller Blutdurst

an der Katze sein Unwesen treibt. Mit den *im Inneren* lebenden *Endoparasiten* beschäftigen wir uns später.

Weder Ekel noch Angst sind angebracht. Verständlich ist aber der Wunsch, die Plagegeister bald wieder loszuwerden.

Flöhe: Diese altbekannten Parasiten kommen auch heute noch häufig vor. Zwar gibt es einen speziellen *Katzenfloh (Ctenocephalides felis)*, aber auch Hundeflöhe oder andere Arten belästigen die Katze. Der echte *Menschenfloh (Pulex irritans)* ist so selten geworden, daß man für ein Exemplar im Flohzirkus hohe Preise bezahlt.

Gehen Katzen- und Hundeflöhe auch auf Menschen? Diese Frage beantworte ich mit einer Gegenfrage: Würden Sie einem Floh raten, vom kuscheligen Tierfell auf die unwirtliche, ständig von Wassergüssen bedrohte Menschenhaut überzuwechseln? Sicherlich nicht, und so kann es sich höchstens einmal um einen verirrten Hüpfer oder Überläufer bei Massenbefall handeln.

Bei Flohbefall Ihrer Katze empfehle ich ein strategisches Vorgehen. Zunächst einmal muß der Befall sicher festgestellt werden. Lieblingssitze sind der Kehlgang und die Stelle unterhalb der Ohren. Dort versuchen die braunen Gesellen mit heftigem Krabbeln den suchenden Fingern zu enteilen, bis sie sich durch einen gewaltigen Sprung in Sicherheit bringen. Sie können sie dann mit einem Stückchen Klebefilm festpicken. Der zahlreich vorhandene, dunkelbraune, feinbröckelige Flohkot im Fell gibt einen Hinweis auf diese Parasiten.

Bei geringem Befall rate ich zu einem der handelsüblichen *Flohhalsbänder*. Es muß aber eines für Katzen sein! Die wirken zwar nicht unmittelbar, dämmen die Plage aber schnell ein. Selten einmal kommt es zu Überempfindlichkeitsreaktionen durch das Band. Die Katze kratzt sich dann am Hals, der gerötet ist. In diesem Fall muß das Halsband leider entfernt werden.

Das *Bad* mit einem insektiziden Wirkstoff – katzenverträglich! – ist nur bei Massenbefall angebracht. Es tötet alle Flöhe, verstört jedoch sensible Katzen ungemein.

Die Eingabe von *Ungeziefertabletten* nach genauer Anweisung des Tierarztes ist eine sehr elegante Methode bei Befall mit allem Ungeziefer. Der kleine Haken: die Eingabetechnik muß beherrscht werden. Der Tierkörper wird dabei mit einem Insektizid sozusagen imprägniert. Wer an ihm saugt, zieht tödliches Gift mit ein. Der ungeziefertötende Wirkstoff kann auch mit einer Art Riesenlippenstift oder in flüssiger Form auf das Fell aufgetragen werden. Fragen Sie den Tierarzt.

Die Polster und Kissen der Lagerstatt sollten heiß gewaschen oder komplett ausge-

Jede gesunde Katze hält sich putzend sauber. Das deutet keineswegs generell auf Ungeziefer hin

Der Niedergang der ganzen Flohsippe war nicht das oft zu Unrecht verdammte Werk der Chemie. Ein brummendes Ungeheuer wurde ihnen zum Verhängnis: der Staubsauger. Die Jugendformen des Flohs, seine Eier und Maden, entwickeln sich nämlich abseits vom Katzenkörper in Ritzen und Winkeln der Lagerstätte. Dort holt sie der Staubsauger gnadenlos heraus.

Flöhe hatten einst Weltbedeutung, weil Rattenflöhe die Pest weitergaben. Auch heute noch müssen sie beseitigt werden. Bei starkem Befall belästigen Flöhe die Katze und ihre Pfleger und saugen schließlich Blut.

wechselt werden, um eine Vermehrung der Flöhe zu verhindern. Das Besprühen mit einem *katzenverträglichen Insektizid* ist ein weiterer Weg, jedoch nicht so sicher. Daneben arbeiten Sie bitte großzügig mit dem Erbfeind der Flöhe, dem *Staubsauger* (Fugendüse).

Läuse: Diese Parasiten sind bei gepflegten Katzen ausgesprochen *selten*. Die Läuse gehen kaum auf andere Tiere oder den Menschen. Die Entwicklung vollzieht sich komplett auf der Katze. Ein Massenbefall kann durch starken Blutentzug im Extremfall sogar tödlich wirken. Läuse sind wie Flöhe aufzuspüren, sie springen jedoch nicht weg.

Einzelne Exemplare lassen sich mit einem speziellen Kamm entfernen. Da sich aber

---

Läuse befallen gepflegte Katzen äußerst selten. In der Mitte die Vergrößerung eines Läuseeies (Nisse), rechts die natürliche Größe am Katzenhaar

aus den an den Haaren haftenden Eiern (Nissen) wieder neue Plagegeister entwickeln, rate ich zum *insektiziden Halsband*. Bei stärkerem Befall wäre das *Bad* angebracht, was wegen der Nissen nach Anweisung wiederholt werden muß. Das ist zwar kein Vergnügen für die Katze, den Läusebefall muß man aber ernstnehmen!

Haarlinge kommen nur noch selten vor. Sie turnen träge in den Haaren herum. Alle geschilderten Methoden wirken auch bei ihnen. Auf gepflegten Katzen können sie sich kaum halten.

Räudemilben: Bei uns wird die Räude nicht ganz zu Unrecht im Zusammenhang mit Beschimpfungen verwendet, denn sie gedeiht nur auf kranken oder vernachlässigten Tieren. Es handelt sich um einen Befall mit kleinen Milben, wobei diese Parasiten Gänge *in* die Haut bohren. Bei gut gepflegten Katzen drückt die wachsende Haut die Milben praktisch heraus. Schlecht gehaltene oder kranke Tiere können das nicht, und so kommt es zur

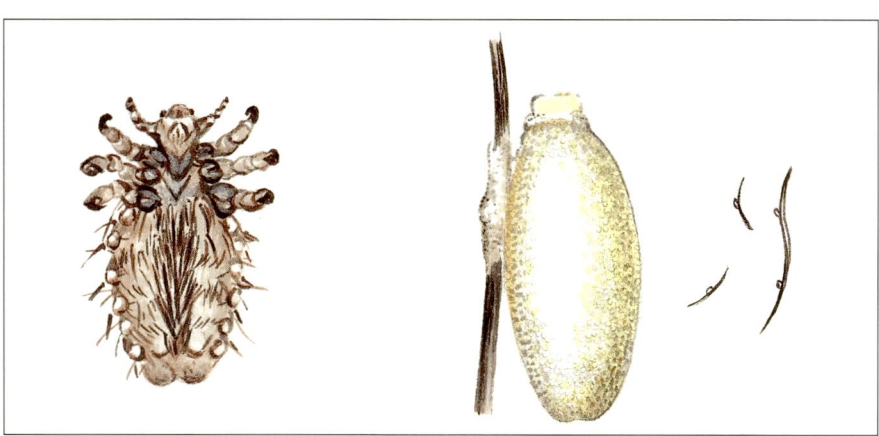

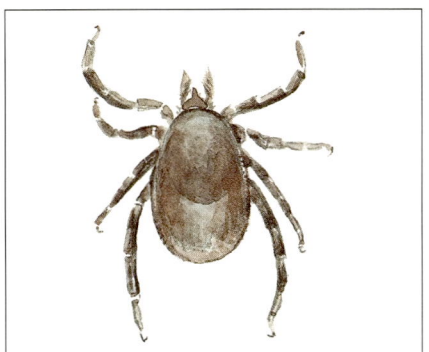

Zecke (Holzbock) in etwa sechsfacher Vergrößerung

Haarling in etwa sechzehnfacher Vergrößerung

ausgedehnten Räudeerkrankung. Dabei wird die Haut borkig, Haare fallen aus, und die Tiere kratzen sich mehr oder minder heftig. Lieblingsplätze der Milben sind auf dem Kopf, vor allem die Gegend um die Ohren. Von dort breitet sich der Befall weiter über den Körper aus.

Vor der Behandlung, die ohnehin vom Tierarzt verordnet werden muß, steht der eindeutige Milbennachweis. Nur wenn die Parasiten im Mikroskop gesehen wurden, können Sie sicher sein, daß es sich wirklich um Räude handelt. Das ist wichtig, denn die etwas umständliche und bei Katzen nicht ungefährliche *Räudekur* macht man nicht auf bloßen Verdacht hin.

So ein struppiger Geselle bessert sich häufig schon sichtlich, wenn er endlich einmal gut versorgt wird. Damit Sie mich nicht mißverstehen, unter guter Versorgung verstehe ich keineswegs nur reichliche Fütterung! Die anteilnehmende Beschäftigung mit dem meist verstörten Tier ist, wie Sie wissen, wesentlich wichtiger.

Herbstgrasmilben: Wenn Sie im Herbst durch Wiesen streifen, beginnt es häufig in der Nacht zu jucken. An Stellen, wo das Unterzeug dem Körper anlag, entdeckt man mückenstichähnliche Quaddeln. Die Ursache sind *Herbstgrasmilben (Trombicula),* die in einigen Gegenden oft vorkommen. Sie befallen in dieser Jahreszeit auch Katzen und führen bei diesen zu Blutungen mit starkem Juckreiz, die an Flohstiche erinnern. Ein *Ungezieferhalsband* schützt die Katze recht zuverlässig. Bei Wanderern sind hohe Stiefel angebracht.

Zecken werden Sie an den sich sorgfältig putzenden Katzen nur an Stellen entdecken, die sich der Zunge entziehen. Ein Tröpfchen Öl läßt die Zecke – es ist in

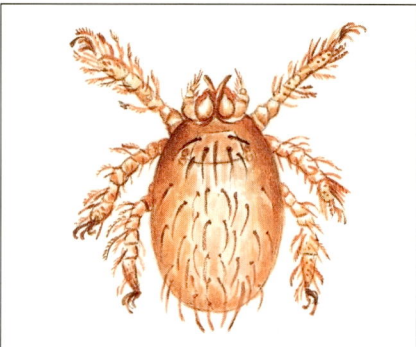

Larve der Herbstgrasmilbe in etwa hundertfacher Vergrößerung

Deutschland meist der Holzbock – erstikken. Wenn sie nicht von allein abfällt, drehen Sie sie am nächsten Tag heraus.

Ekzem und Hautentzündung

Ein Tierarzt behandelt viel lieber komplizierte Knochenbrüche, gefährliche Infektionen und dicke Tumoren als simpel erscheinende Hauterkrankungen. Schon für den Fachmann ist die genaue Diagnose sehr schwer, geschweige denn für den Katzenfreund.

Wenn die Katze daher Hautprobleme hat und mit Sicherheit (?) keine Parasiten vorliegen, empfehle ich möglichst bald den *Gang zum Tierarzt.* Auf keinen Fall reiben Sie die Katze ohne Anweisung mit Salben oder Tinkturen ein! Die Präparate werden meist sofort abgeleckt und können zu ernsten Vergiftungserscheinungen führen.

Eine gute Hilfe ist das *regelmäßige Bürsten* und gegebenenfalls *Entfilzen des Fells. Nur nicht baden!* Nützlich wirkt die vielseitige aber *knappe Fütterung.* Prüfen Sie sorgfältig, ob das Tier nicht auf einen Stoff in seiner Umgebung allergisch reagiert. Ein Plastikspielzeug, ein Bohnerwachs, ein Insektenspray – es gibt leider viele Möglichkeiten.

Dann hilft oft eine Entwurmung, denn Würmer schwächen die Abwehrkraft des Organismus, und das zeigt sich am Fell.

So muß man herumprobieren, und seien Sie bitte nicht enttäuscht, wenn auch der Tierarzt verschiedene Wege einschlägt. Am besten sprechen sehr dramatische Krankheitsbilder auf die Behandlung an. Manchmal löst sich das Rätsel, indem bei genauem Suchen eben doch irgendwelche Parasiten gefunden werden.

Kreisförmiger Haarausfall weckt den Verdacht auf *Pilzbefall* der Haut. Das ist gefährlich, denn er wird leicht auf Menschen übertragen. Das muß der Tierarzt abklären.

Stumpfes Fell

Die Katze wird vielseitig ernährt, regelmäßig gebürstet, und trotzdem ist das Fell stumpf. Bitte erkundigen Sie sich beim Züchter, denn es kann rassebedingt sein. Fühlt sie sich auch wirklich wohl? Ein kätzischer Konkurrent um die Zuwendung des menschlichen Pflegers läßt eine sensible Katze deutlich kümmern. Das zeigt sich dann auch am Fell.

Überprüfen Sie die Ernährung. Ist der bei Katzen so wichtige Fettanteil mit seinen

Vitaminen hoch genug? Im Zoohandel gibt es Fettcremes, die bei Bedarf gern aufgenommen werden. Im Zweifelsfall rate ich eher zu reduzierter Fütterung als zum immer überquellenden Napf.

Aus Prinzip bin ich gegen äußerlich anzuwendende Mittel, wie Fellglanzsprays oder Tinkturen. Damit wird ja nicht geholfen, nur kosmetisch überdeckt. Viel besser sind innerlich anzuwendende Präparate, die es unter verschiedenen Bezeichnungen im Handel gibt. Sie werden meist sehr gern aufgenommen und sind zugleich ein gesunder Leckerbissens.

Endoparasiten

In Fachbüchern für Katzenkrankheiten findet sich eine schwindelerregende Aufzählung von Parasiten, die sich *in der Katze (Endoparasiten)* tummeln. Im Katzenalltag spielen aber praktisch nur wenige Wurmarten eine Rolle.

Wer es gern genau hat, sollte in jedem Falle eine Kotprobe beim Tierarzt untersuchen lassen. Anhand eventuell vorhandener Wurmeier kann dieser die Wurmart bestimmen und Sie dann mit einem langen lateinischen Namen schrecken. Die modernen Wurmmittel mit ihrer breiten Wirkung auf viele Parasitenarten erfordern aber nur in Spezialfällen eine ganz genaue Diagnose.

Wurmbefall läßt Katzen kränkeln und löst damit viele andere Erkrankungen oder Unpäßlichkeiten aus. Dabei denke ich auch an das im vorigen Kapitel besprochene stumpfe Fell. Insofern ist es sehr wichtig, die Tiere von ihrer Wurmbürde zu befreien. Die heutigen Präparate machen das auf einfache und ungefährliche Weise. Nicht jedem Wurmbefall kann man vorbeugen, und man sollte da auch nicht in Panik verfallen. Eines beachten Sie aber

bitte: *Fisch nur gekocht verfüttern!* Durch rohen Fisch werden nämlich zahlreiche Wurmarten übertragen.

Spulwürmer

Die etwa fingerlangen Spulwürmer sind im Kot bei etwas Aufmerksamkeit leicht zu entdecken. Sie können aber ohnehin davon ausgehen, daß auch Ihre Katze Spulwürmer beherbergt.

Wieso, die heutigen Wurmmittel wirken doch sehr zuverlässig? Das ist richtig, aber im Körper wandernde oder im Gewebe ruhende Spulwurmlarven werden nicht erfaßt. Sie sorgen nach der Kur für Wurmnachschub.

Saugende Kätzchen infizieren sich über die Muttermilch. Das kann man nicht verhindern, wohl aber eindämmen. Schon nach *zehn bis vierzehn Tagen* sollten sie die erste Wurmkur erhalten. Diese ist *wöchentlich* zu wiederholen, bis etwa zur *12. Lebenswoche.*

Katzen *ab dem Alter von zwölf Wochen,* die allein oder sehr sauber gehalten wer-

Spulwürmer sind immer deutlich sichtbar

den, bekommen etwa *alle drei Monate* eine Wurmkur. Haben sie Zugang zu mit Wurmeiern infiziertem Katzenkot, rate ich zu kürzeren Abständen.

Für diese Kuren reichen die preiswerten reinen Spulwurmmittel aus. Andere Parasiten spielen in diesem Lebensabschnitt noch keine Rolle. Die Verabreichung der meist pastenförmigen Präparate ist heute problemlos geworden. Katzenhalter kamen – je nach Temperament – auf viele listige Methoden.

Energische Naturen geben die Paste mit der Plastikspritze (Injektor), in die sie abgefüllt ist, direkt auf die Zunge. Dazu wird der Injektor seitlich ins Mäulchen eingeschoben. Trickreiche Menschen streichen der Katze die Paste auf die Vorderpfoten. Sie freuen sich, wenn die mißtrauischen Patienten sie nach anfänglichem Zögern eifrig ablecken. Das bequemste ist wohl das Mischen unter eine kleine Menge des Lieblingsfutters. Es soll mit Sicherheit auf einmal aufgefuttert werden.

Zuchtkatzen entwurmt man zwei, vier, sechs, acht und zehn Wochen nach jeder Geburt. Damit läßt sich die Übertragung der Spulwurmlarven auf ihre Jungen zwar nicht vermeiden, wohl aber eindämmen.

Bei *zugelaufenen Katzen* steht vor irgendwelchen Schutzimpfungen und anderen Gesundheitsmaßnahmen die Wurmkur. Der Grund ist einzusehen: Eine verwurmte Katze reagiert schlecht auf alle ihr zugedachten guten Taten.

Sie haben zwei Möglichkeiten. Zum einen kann man durch eine Kotuntersuchung genau bestimmen lassen, welche Würmer sie beherbergt. Bei reinem Spulwurmbefall reicht ein Spulwurmmittel aus, das es preiswert in jeder Apotheke gibt. Zum anderen können Sie gleich eines der Mittel einsetzen, die nahezu alle Wurmarten erfassen. Man bezeichnet sie als *Breitband-Wurmmittel,* oder – ganz fachmännisch – als *Breitspektrum-Anthelmintika.* Sie sind etwas teurer als reine Spulwurmpräparate, aber ebenso ungefährlich und hochwirksam. Der Tierarzt hat sie in der Regel vorrätig oder schreibt ein Rezept.

Wichtig: Bei festgestelltem *Spulwurmbefall* muß *immer* mindestens zweimal, im Abstand von zwei bis drei Wochen, behandelt werden. Das ist wegen der tückischen Larven erforderlich, die geschützt im Gewebe liegen und für eine neue Spulwurmgeneration sorgen. Es geht durchaus, daß man die erste Behandlung mit einem Breitband-Wurmmittel und die zweite mit einem reinen Spulwurmmittel durchführt.

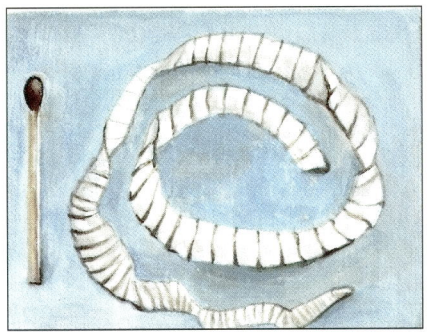

Ein kompletter Katzenbandwurm mit Kopf

Bandwürmer

Bandwürmer sind bei Katzen nicht immer leicht festzustellen. Es kommt vor, daß 10 bis über 30 cm lange Bandwurmabschnitte erbrochen werden. Das fällt natürlich auf. In den Kot gelangen aber meist nur einzelne, mit Eiern bepackte Glieder. Diese sehen wie kleine weißliche oder rötliche Nacktschnecken aus. Recht häufig bewegen sie sich auf der Oberfläche des Häufchens.

Es gibt zahlreiche Bandwurmarten. Bei ihrer Entwicklung benötigen alle in der Katze vorkommenden mindestens einen *Zwischenwirt.* Der erwachsene Bandwurm lebt im Darm und ernährt sich dort parasitisch von den besten Bestandteilen des Futters. Damit schwächt er seinen Wirt, der trotz guter Ernährung abmagert. Bei unzureichender Nahrungszufuhr kann es zu echten Gesundheitskrisen kommen.

Vom Bandwurmkopf ausgehend, wachsen immer neue Glieder heran. Sie sind erst männlich und befruchten ihren Geschlechtspartner am eigenen Leib, einige Stockwerke weiter unten. Dann werden sie weiblich, lassen sich ihrerseits befruchten und beherbergen schließlich reife Eier. Als bewegliches Eipaket werden sie abgestoßen, landen mit dem Kot in der Außenwelt und sterben bald ab.

Die Eier müssen von einem ganz bestimmten Zwischenwirt aufgenommen werden. Beim häufigsten *Katzenbandwurm (Taenia taeniaeformis)* sind das kleine Nager, also auch *Mäuse.* Werden diese später von einer Katze erbeutet, so hat sich der Kreis geschlossen, und ein neues Bandeltier wächst heran. Die Entwicklungsformen in dem Zwischenwirt kennen Sie als *Finnen.* Auch der *Hundebandwurm (Dipylidium caninum)* kommt bei der Katze vor. Nämlich immer dann, wenn sie mit Finnen infizierte Flöhe knacken konnte. Die beweglichen Endglieder im Kot sehen beim Katzenbandwurm weißlich, beim Hundebandwurm rötlich aus.

Ältere Präparate störten die Bandwurmidylle durch Erzeugung starker Darmbewegungen. Es waren einfach drastische Abführmittel. Unter Bauchgrimmen wurde der Parasit – hoffentlich mit Kopf – herausgeschafft. Das war nicht sehr sicher und mit Risiken für die Katze verbunden. Moderne *Wurmmittel* haben keine derartigen Nebenwirkungen mehr und sind erheblich zuverlässiger. Es ist kaum anzunehmen, daß die Katze neben Bandwürmern keine anderen Parasiten hat. Daher rate ich im Zweifelsfall zu einem *Breitspektrum-Anthelmintikum.* Wegen der Spulwürmer kann man auch hier aus Kostengründen nach zwei bis drei Wochen eine

Nachbehandlung mit einem reinen Spulwurmmittel folgen lassen.

Es läßt sich nicht verschweigen: In sehr seltenen Fällen kann die Katze eine Bandwurmart *(Echinococcus multilocularis)* beherbergen, die für den Menschen eine tödliche Gefahr darstellt. Diese Tiere sind winzig klein (der ganze Bandwurm mißt nur 1,5–3,5 mm) und rufen bei der Katze kaum Krankheitserscheinungen hervor. Zwischenwirte sind *Feldmäuse*. Insofern kommen nur Katzen mit Jagdgelegenheit auf dem Feld in Frage. Die Kotbetrachtung bringt keine Gewißheit, da die Glieder schnell zerfallen und Eier mit bloßem Auge nicht sichtbar sind. Wenn Eier des Parasiten aus dem Katzenkot versehentlich aufgenommen werden, entwickelt sich im Menschen die gefürchtete Blasenwurmkrankheit. Nun aber keine Panik! In Deutschland wurden diese gefährlichen Parasiten nur ganz vereinzelt bei Katzen in Baden-Württemberg nachgewiesen, außerdem noch in der Schweiz und in Österreich.

Bei Verdacht hilft nur eine Kotuntersuchung durch den Tierarzt. Die Behandlung muß wegen der Bedeutung der Parasiten für den Menschen unbedingt durch den Arzt erfolgen.

Ohnehin bin ich für die Einschaltung des Tierarztes bei *jedem* Bandwurmbefall. Der Grund: Nicht jedes Präparat wirkt auf jede Bandwurmart gleich gut. Daher kann nur der Fachmann nach Artbestimmung das für den Einzelfall beste Medikament empfehlen. Sonst kommt es zu Behandlungen mit unzureichendem Erfolg.

Krankheiten, Verletzungen und Leiden

Augenkrankheiten

Man kann sich darüber streiten, ob die Augen Spiegel der Seele sind. Zumindest bei Tieren wäre es eine unzulässige Vermenschlichung, vom artspezifischen Augenausdruck auf den Charakter schließen zu wollen. Das wunderbare Hochleistungsorgan Katzenauge spricht aber jeden Ästheten an, mag er nun Tierfreund sein oder nicht. Katzenkenner lesen aus dem Augenausdruck genau den jeweiligen Gemütszustand ihrer Pfleglinge ab, eine relativ leicht zu erlernende Kunst.

Abgesehen davon ist das Auge der Katze ein recht guter *Spiegel des körperlichen Befindens.* In dieser Hinsicht kann man sich eher darauf verlassen als auf den Zustand der Nase, genauer, des Nasenspiegels. Glänzend und klar, voller Ausdruck, so soll das Katzenauge sein. Jede Verschleierung, jeder stärkere Tränen-, ja

Der klare Blick einer kerngesunden, wunderschönen Katze

Eiterfluß, muß Grund zu einer eingehenden Untersuchung sein.

Diese Untersuchung beginnt *nicht* am Auge, sie endet dort. Drei Dinge sind wichtig; nach deren Prüfung können Sie weitere Schritte planen:

1. Nimmt die Katze Anteil an der Umgebung, benimmt sie sich wie sonst?
2. Wie ist der Appetit?
3. Hat sie Fieber?

Bei apathischem Benehmen, stark verringertem Appetit und Fieber lassen Sie bitte Auge Auge sein. Der offensichtlich an einer Allgemeininfektion erkrankte Patient muß baldigst von einem Tierarzt untersucht werden.

Nicht vergessen, der Impfpaß ist für den Doktor wichtig, nehmen Sie ihn mit. Bei schlechtem Gewissen wegen übersehener oder unterlassener Impfung seien Sie gleich geständig! Das erspart dem Tierarzt lange Spekulationen, der Katze eventuelle Fehlbehandlungen und Ihnen damit Geld. Wenn die Katze aber noch guten Appetit und kein Fieber hat, sich – von einer eventuellen Sehbehinderung durch das kranke Auge abgesehen – noch normal benimmt, dann wagen Sie sich nur an die Augenuntersuchung.

Keine Angst, das geht ohne aufwendige Instrumente und komplizierte Methoden. Die Untersuchung erfolgt in einem halbdunklen Raum mit Hilfe einer kleinen Taschenlampe. Schräg angestrahlt, ist das Auge gut zu untersuchen. Ein Helfer wäre vorteilhaft.

Bindehautentzündung

Bei der *Bindehautentzündung (Konjunktivitis)* wirkt das Auge verschleiert. Die Bindehäute sind gerötet und geschwollen. Eine schleimige oder eitrige Absonderung bildet Krusten auf den Lidern, sie kann das Auge teilweise oder ganz verkleben. Wir alle kennen ja diese unangenehme Erscheinung aus eigenem Erleben. Meist sind beide, zuweilen ist auch nur ein Auge betroffen.

Die Ursache ist eine Infektion, die durch Zugluft, Fremdkörper oder Verletzungen verursacht wurde. Da kein Fieber vorliegt, scheidet eine Allgemeininfektion ja aus. Kam die Katze als Fremdling mit tränenden Augen, sonst aber leidlich munter ins Haus, so tippe ich auf verschlepptem Katzenschnupfen. Der wird wie eine normale Bindehautentzündung behandelt, die Katze aber zusätzlich kräftig verwöhnt.

Dieses liebevolle, unaufdringliche *Verwöhnen* ist das wirksamste Katzenmedikament. Dagegen verblassen all die modernen Heilmittel der Medizin. Die Krusten und schleimigen Auflagerungen müssen schonend entfernt werden. Das geht mit Hilfe von lauwarmem *Kamillentee*. Einfacher ist die Verdünnung des handelsüblichen Kamillenextraktes mit Wasser, obwohl dieser vom Hersteller nicht für Augenbehandlungen empfohlen wird.

Damit tränken Sie ein sauberes Leinenläppchen – auch ein Papiertaschentuch ist brauchbar; fusselnde Watte sollte man nicht nehmen. Hiermit werden die Augen sorgsam ausgewischt. Sorgsam – immer daran denken, wie empfindlich der Augapfel ist, er darf nicht berührt werden. Das geht ganz gut, da das kluge Tier natürlich die Augen zukneift.

Nun kommt die große Versuchung! In der Hausapotheke findet sich ein Restchen Augensalbe oder Augentropfen. Ob man nicht? Bitte nicht. Einige Augenpräparate werden von Katzen überhaupt nicht vertragen, andere eignen sich nicht für jede Art von Bindehautentzündungen. Die frei erhältlichen Augenpräparate, meist als Augentonika bezeichnet, helfen in unkomplizierten Fällen, nicht aber bei eitrigen Infektionen.

Zwei Tage würde ich an Ihrer Stelle höchstens abwarten und die Augen nach Bedarf, jedoch nicht öfter als zweimal täglich, säubern. Zeichnet sich dann eine deutliche Besserung ab, so haben Sie Glück gehabt. Ist das aber nicht der Fall, so muß der Fachmann den Fall untersuchen und Ihnen ein geeignetes Präparat geben oder aufschreiben. Die Verabreichung wurde bereits beschrieben. Lassen Sie es sich vom Tierarzt ruhig einmal vorführen.

Unabhängig davon entzünden Sie bitte eine Kerze am Schlaf- oder bevorzugten Ruheplatz der Katze. Keine Angst, das ist kein heidnisches Ritual, wenn die übrige Familie Sie auch mißtrauisch beäugen wird. Auf diese Weise stellt man zuverlässig fest, ob es dort *Zugluft* gibt. Das wäre dann eine Lösung des Rätsels, wie die Katze zu ihrer Entzündung gekommen ist. Abhilfe schaffen Tür- und Fensterabdichtungen oder noch zuverlässiger, eine rundum dichte Schlaf-und Ruhehöhle. Ein geflochtenes Körbchen tut es allerdings nicht.

Nach richtiger Behandlung sollte die Bindehautentzündung in einer guten Woche

vergessen sein. Viel länger dauert es nur bei der Entzündung auf Basis des chronischen Katzenschnupfens. Dort flammt die Erkrankung immer wieder auf, der Fall kann sich über Wochen und Monate hinziehen.

Verletzungen

Katzen schützen ihre Augen sorgsam. Selbst alte Raufkater mit ausgefransten Ohren und vernarbten Wunden nach glorreichen Gefechten haben relativ selten Augenverletzungen. Trotzdem kommt es vor, und die Feststellung ist nicht ganz einfach. In erster Linie sind Kater in der Liebessaison betroffen. Der starke Verdacht auf eine Verletzung besteht, wenn plötzlich *ein* Auge verklebt und verschwollen ist.
Trauen Sie sich wirklich eine Untersuchung zu? Nun gut, die Lider müssen zart gespreizt und der Augapfel im Licht der ihn schräg anstrahlenden Taschenlampe sorgsam betrachtet werden. Eile ist geboten, die Katze liebt das nämlich nicht. Augenverletzungen bedürfen intensiver tierärztlicher Behandlung.
Bitte auf keinen Fall irgendwelche Präparate anwenden! Bei Verletzungen können ungeeignete – corticoidhaltige – Medikamente die Heilung dramatisch verzögern. Auch Wischen und Waschen schadet.
In vielen Fällen wird der Augapfel intakt sein und die Verletzung nur die Lider betreffen. Zwar verfügt die Katzenhaut über eine hervorragende Heiltendenz, aber an dieser Stelle kann sich das Tier nicht lecken! Durch Reiben und Scheuern

entzünden sich häufig sogar harmlose Risse äußerst unangenehm. So muß der Tierarzt gelegentlich einige Nähte setzen. Auf die sorgfältige Wundbehandlung legt man am Auge besonderen Wert. Zwar heilt schließlich jeder Schmiß, es kann aber ein ständig tränendes Auge zurückbleiben. Bei diesem Gedanken graust es mit Recht jedem Katzenfreund.

Fremdkörper

Fremdkörper, wie Getreidegrannen, feine Dornen und ähnliches, findet man bei der bedachtsamen Katze sehr selten. Trotzdem denken Sie bitte an diese Möglichkeit, wenn – wie bei einer Verletzung – ein Auge plötzlich tränt und zugekniffen wird.
Die Untersuchung erfolgt wie eben beschrieben. Das Vertrackte: Nur wenn man einen Fremdkörper findet, ist die Diagnose zuverlässig. Sonst bleiben immer Zweifel. Bei scharfen Augen, geschickten Händen und einer sehr sanften Katze können Sie *einen* Entfernungsversuch riskieren. Dafür eignen sich die handelsüblichen Wattestäbchen gut. Mit ihrer Hilfe kann man das Ärgernis sanft wischend zu entfernen versuchen. Bei diesem Abenteuer besteht zumindest keine Verletzungsgefahr für das Auge.
Dringend rate ich davon ab – wie in einem populären Buch empfohlen – die Lider mit dem Stäbchen wischend zu unterfahren, ohne einen Fremdkörper gesehen zu haben. Das halte ich ohne Betäubung für anzeigepflichtige Tierquälerei.
Bitte beenden Sie den leicht zur Tortur ausartenden Versuch, wenn es nicht gleich

klappen sollte. Das gereizte Auge würde nach einigen Manipulationen nämlich zuschwellen, und der Tierarzt als letzte Instanz hätte es besonders schwer; von der armen Katze gar nicht zu reden.

Vorfall des 3. Augenlides

Die Katze besitzt ein oberes und ein unteres Augenlid. Daneben aber noch ein 3. Lid, das am inneren (nasenseitigen) Augenwinkel ansetzt, auch *Nickhaut* genannt. Dieses Hautgebilde zieht sich zuweilen bis halb über den Augapfel. Man spricht dann von einem Vorfall.
Diese Erscheinung ist nicht immer leicht zu deuten. Der Vorfall kann im Verlauf einer Bindehautentzündung auftreten und wird dann wie diese behandelt. Zuweilen zeigt das Auge aber keinerlei Entzündungszeichen, obwohl sich der graue Schleier des 3. Augenlides, beängstigend anzusehen, über den sonst klaren Augap-

fel zieht. Das passiert regelmäßig bei manchen Vergiftungen und nach der Gabe bestimmter Beruhigungsmittel. Im letzteren Falle deutet der Vorfall auf die erwünschte Wirkung hin und klingt mit deren Abflauen ab.
Auch bei einigen Magen-Darm-Erkrankungen verschleiert sich das Auge. Man muß dies wohl als innere Vergiftung deuten. In jedem Falle ist es wenig sinnvoll, nur am Auge herumzudoktern. Die Grundkrankheit muß behandelt werden, und das kann nur ein Tierarzt. Ob man warten kann oder nicht, hängt allein vom Allgemeinbefinden ab. Ist es stark gestört, so zögern Sie bitte nicht, den Fachmann einzuschalten.
Nach verschleppten Bindehautentzündungen wuchert zuweilen das 3. Augenlid und beeinträchtigt das Sehvermögen. Nach Abklingen aller Entzündungserscheinungen muß es dann operativ entfernt werden – ein kleiner und harmloser Eingriff.

Erkrankungen der Mundhöhle

Die Katze ist für die Jagd geschaffen. So benötigt sie spitze und scharfe Zähne, um die Beute zu ergreifen, zu töten und dann zu verspeisen. Das muß sich ein Katzenbesitzer immer vor Augen führen. Wenn er dieses Tier in der Wohnung hält und mit Brei füttert, leiden die Zähne zwangsläufig.
Erstes Zeichen, daß in der Mundhöhle etwas nicht stimmt, ist zögerndes Zubei-

ßen. Das Kauen wird schmerzhaft oder gar unmöglich. Der Speichelfluß nimmt zu, und die Katze magert schließlich ab.

Zahnschäden

Eine gut gehaltene, vernünftig ernährte Katze sollte gesunde und blitzblanke Zähne haben. In der Jugend noch weiß,

werden sie mit den Jahren gelblich, was völlig normal ist. Der durchsichtige Schmelz schleift sich ab, und das gelbe Zahnbein tritt hervor. Nicht normal sind starke Beläge, als *Zahnstein* wohlbekannt. Zahnstein entwickelt sich, wenn das Futter zu weich ist. Erst setzen sich Beläge fest, sie werden dann dicker, schließlich hat die Katze statt spitzer Zähne nur noch bröckelige Kalkformationen im Mäulchen.

Vom eigenhändigen Entfernungsversuch rate ich ab! Die scharfen Zahnsteinentferner – im Sanitätsgeschäft erhältlich – verursachen bei unvermeidlichen Abwehrbewegungen des Patienten leicht stark blutende Zahnfleischverletzungen. Die sind zwar harmlos, erhöhen aber nicht gerade die Bereitschaft der Katze zum Stillhalten. Nein, eine gründliche Zahnsteinentfernung sollte der Tierarzt vornehmen. Er wird das Tier medikamentös beruhigen und dann in Ruhe und mit Spezialinstrumenten eine Gebißrevision vornehmen. Dabei erlebt man Überraschungen. Einerseits positive, wenn das Kätzchen nun wieder mit blitzenden Zähnen prunken kann, andererseits entdeckt man bei älteren Tieren auch *Wackelzähne*. Die werden vom Tierarzt bei dieser Gelegenheit gleich kurzerhand gezogen.

Zahnverletzungen, wie Brüche und Absplitterungen, sind bei Katzen erheblich seltener als bei Hunden. Bei ihnen entstehen sie hauptsächlich, wenn in stürmischem Spiel Steine apportiert werden. Bei Katzen können sie durch gezielte Steinwürfe entstehen. Auch *Karies* kommt durch falsche Ernährung leider vor. Der Tierarzt wird verletzte Zähne entweder ziehen, oder – etwa bei gebrochenen

Reißzähnen – regelrecht plombieren, sogar überkronen. Das ist aber Arbeit für Spezialisten und nur bei sehr wertvollen Tieren sinnvoll.

Wie auch immer, es kommt darauf an, Zahnschäden zu verhindern. Natürlich könnten Sie die Zähne putzen, es gibt Spezialzahncremes und -pulver für Kleintiere. Das lassen sich Katzen aber noch weit weniger gern gefallen als Hunde. Warum auch so umständlich? Der Zustand der Zähne läßt sich recht einfach durch den Härtegrad des Futters beeinflussen.

Harte Katzennahrung poliert die Zähne auf natürliche Weise. Ihre Katze hat darauf keinen Appetit? Übertreibend behaupte ich, daß sie bei knurrendem Magen auch trockenes Laub aufnehmen würde. Im Ernst, an diesen Futterwechsel läßt sie sich schnell gewöhnen. So können Sie auf einfachste Weise für ein tadelloses Gebiß Ihrer Katze sorgen.

Zahnfleischentzündung

Auch bei Zahnfleischentzündung werden Ihnen das langsame Kauen und der Speichelfluß auffallen. Bei einer flüchtigen Untersuchung des Mäulchens sieht man dann: das Zahnfleisch ist nicht blaßrosa, sondern dunkelrot. Es liegt dem Kieferknochen nicht straff an, wirkt schwammig, geschwollen und blutet leicht. Schlimmstenfalls sieht man sogar geschwürige Veränderungen im Bereich der Mundhöhle. Die Katze riecht dabei ekelerregend. Vor einer Behandlung sollte die Frage nach der möglichen Ursache stehen. Im Verlaufe des verschleppten *Katzen-*

schnupfens sind Zahnfleischentzündungen recht häufig. Das geht bis zum geschwürigen Zerfall. Die Tiere wirken dabei nicht so krank, wie man eigentlich annehmen sollte. Die Behandlung gehört in die Hand eines Tierarztes.

Bei starken Störungen des Allgemeinbefindens kann eine *Nierenerkrankung* zugrunde liegen, die natürlich, genau wie die Vergiftung, vom Fachmann behandelt werden muß.

Einfache Zahnfleischentzündungen entstehen häufig durch ungeeignete Ernährung, meist sogar bei besonders verwöhnten Katzen. Aus falsch verstandener Tierliebe werden diese bedauernswerten Geschöpfe überwiegend mit Süßwaren oder magerem Fleisch gefüttert. So kommt es zu Vitamin- und Mineralstoffmangel. »Leider ißt sie nichts anderes!« Das glaube ich nicht, lassen Sie sie nur etwas fasten. Abhilfe schafft ein vielseitig zusammengesetztes Futter. Das Ideal der Katzennahrung ist ein gesundes Mäuschen. Das besteht aus Fleisch, unverdaulichen Bestandteilen, wie zum Beispiel Knochen, dazu noch einer Gemüsebeilage aus dem Darminhalt. Diese Bestandteile können Sie selber zusammenstellen oder gute Fertignahrung geben. Lagen bereits Mangelschäden vor, so hilft die Vitaminspritze des Tierarztes; auch Vitamin-/Mineralstofftabletten sind gut.

Engagierte Katzenfreunde können zusätzlich das Zahnfleisch direkt behandeln. Das geht mit Myrrhentinktur aus der Apotheke. Sie nehmen ein Tröpfchen auf die Fingerspitze und reiben es der Katze sanft ein. Damit wird das schwammige Gewebe gefestigt.

Fremdkörper

Die Katze kommt heim, speichelt und reibt sich das Schnäuzchen mit den Pfoten? Da kann sie an etwas Unangenehmem geleckt haben. Möglich ist aber auch ein Fremdkörper in der Mundhöhle.

Auf jeden Fall müssen Sie gründlich untersuchen. Zwischen den Zahnreihen, in Höhe der Backenzähne, kann sich ein kleiner Knochen eingekeilt haben. Bei der bedachtsamen Eßtechnik der Katze ist das selten, kommt aber vor. Selbst bei gut sichtbaren Fremdkörpern ist die Entfernung für Sie nicht immer einfach.

Mit den Fingern kann man die Katze zwar nicht verletzen, wird aber leicht unangenehm gebissen. Zangen sind dagegen gefährlich, da beim Zubeißen schnell die Zähne splittern. So rate ich sicherheitshalber zum Tierarztbesuch. Dort wird das Übel nach leichter Beruhigung des Patienten schnell beseitigt.

Wenn Katzen mit Fäden oder dünnen Schnüren gespielt haben, können sich diese um die Zunge schlingen. Auch da speichelt das verstörte Tier und reibt die Mundpartie heftig mit den Pfoten. Nur nicht einfach an einem der etwa heraushängenden Fäden ziehen! Es könnte noch mehr einschneiden. Einem Entfernungsversuch mit häuslichen Mitteln stehe ich skeptisch gegenüber. Lassen Sie den Tierarzt sein Geschick beweisen! Ein solcher Fall ist übrigens *eilig,* denn die blutreiche Zunge schnürt sich nur allzu schnell ab.

Krankheiten der Ohren

In erster Linie ist die Katze ein Augentier. Zur Jägerin befähigen sie aber weiterhin die außerordentlich leistungsfähigen Ohren, der Gehörsinn. Auch bei scheinbar körperlicher Ruhe beginnt sofort ein lebhaftes Spiel der Ohrmuscheln, wenn irgendein leises Geräusch auf ein Mäuschen hindeuten könnte. Krankheiten der Ohren beeinträchtigen daher nicht nur ihr Wohlbefinden, sie schränken auch die Sinneswahrnehmungen empfindlich ein.

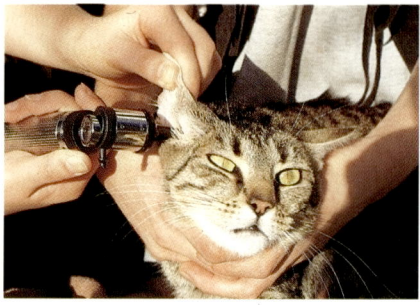

Nur ein Blick bis zum Trommelfell bringt Klarheit über Ohrenkrankheiten

Ohrenzwang

Die *Entzündung des äußeren Gehörganges (Otitis externa)* kommt bei der Katze seltener vor als beim Hund. Doch ist auch bei ihr der Gehörgang relativ eng und verläuft geknickt. So führen eingedrungener Schmutz und verhärtetes Ohrenschmalz zusammen mit Krankheitserregern leicht zu einer Reizung. Das sich bildende Sekret kann nicht ablaufen, und die unangenehme Erkrankung schreitet voran. Charakteristisch ist das Schütteln des Kopfes. Mit den Pfoten reibt die Katze an den Ohren, um den quälenden Juckreiz zu lindern. Bei einer Verschlimmerung kann sie sich sogar blutig kratzen, so daß der falsche Eindruck einer äußerlichen Verletzung entsteht.

Klarheit bringt ein Blick in die Ohröffnung. Der sichtbare Teil des Gehörganges braucht nicht gerade blitzsauber zu sein. Dicke Krusten, schmieriges Sekret und unangenehmer Geruch deuten aber auf

Ohrenzwang hin. Genauer untersucht der Tierarzt, dessen Ohrspiegel Einblick bis zum Trommelfell gestattet.

Nur bei leichten Formen ist eine Eigenbehandlung anzuraten. *Verboten sind Wattestäbchen!* Nehmen Sie statt dessen ein walnußgroßes Stück Watte, tränken Sie es mit mildem Babyöl und wischen Sie damit die Ohrmuscheln aus. Herumstochern im Gehörgang würde den Schmutz nur tiefer hineinbefördern.

Zur Tiefenreinigung gibt es beim Tierarzt oder in Zoogeschäften spezielle Präparate. Ihre Basis ist Alkohol oder ein Öl mit desinfizierenden Zusätzen. Sie füllen eine gute Portion Reinigungsmittel – etwa eine Teelöffelmenge – beherzt in den Gehörgang. Das lieben Katzen nicht sonderlich. Nun folgt eine kurze Massage des Ohrgrundes, und dann kann man den Patienten loslassen. Mit Vehemenz wird der Kopf geschüttelt, damit fliegt die Flüssigkeit,

zusammen mit Krusten und Ohrschmalz, heraus. Bitte alle zwei Tage beide Ohren auf diese Weise reinigen. Dann kann man nach sechs Tagen eine deutliche Besserung erwarten. Ist das der Fall, so reicht eine Reinigung pro Woche bis zum Abklingen aller Erscheinungen. Bleibt die Besserung aber aus, oder verschlimmern sich gar die Zeichen des Unbehagens im Ohrenbereich, dann ist der Tierarzt an der Reihe. Anhand einer gründlichen Untersuchung kann er den Krankheitszustand bestimmen. Das Ohr wird unter Sichtkontrolle gereinigt und ein passendes Medikament empfohlen.

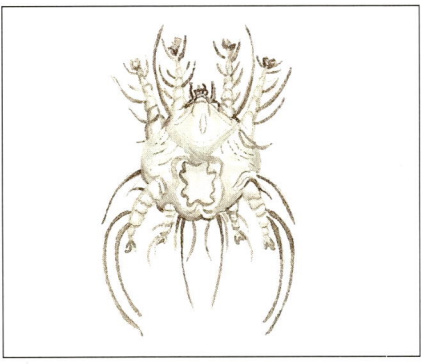

Die gefürchteten Ohrmilben sind mit bloßem Auge sichtbar

Ohrmilben

Die Katze schüttelt den Kopf, reibt sich die Ohren, hat also offensichtlich Ohrenzwang. Beim Betrachten der Ohrinnenseite fallen Ihnen trockene, schwarzbraune Krusten auf. Mit ganz scharfen Augen oder einer Lupe entdecken Sie auf den Belägen winzige weißliche Pünktchen, die sich bewegen. Es handelt sich zweifelsfrei um *Ohrmilben.*
Ohrenzwang durch Ohrmilben kommt bei Katzen *sehr häufig* vor. Mutterkatzen stecken ihre Jungen an, und in manchen Zuchten sind die lästigen Parasiten eine ständige Plage, die immer wieder aufflammt. Die Behandlung ist prinzipiell nicht schwierig, erfordert aber viel Geduld. In Frage kommen nur *ölige Präparate,* notfalls tut es auch ein mildes Babyöl. Besser sind Öle, die ein spezifisches Milbenpräparat enthalten, doch Vorsicht! Es müssen ausdrücklich *für Katzen* empfohlene Pro-

dukte sein, denn einige Wirkstoffe werden von ihnen nicht vertragen.
Nun beginnt eine große Schmiererei! Die Tropfen werden einmal täglich großzügig ins Ohr geträufelt, dann wird der Ohrgrund kräftig massiert. Oh, welch ein Genuß! Meist drängen sich die Kätzchen wohlig gegen die knetenden Finger, denn endlich wird der schreckliche Juckreiz gelindert. Zwar bleiben Ölspuren am Kopf zurück und die Katze sieht etwas verschmiert aus, die Erscheinungen bessern sich aber rasch. Das Öl verklebt den Milben nämlich die Atemöffnungen, und sie sterben ab.
Nur zu schnell glaubt man an eine Heilung und bricht die Ölkur ab. Prompt geht die Juckerei wieder los! Bitte haben Sie Geduld. Nach deutlicher Besserung braucht man nur noch alle zwei, dann alle drei Tage zu ölen. Schließlich einmal pro Woche. Führen Sie diese Prozedur aber bitte mindestens *einen Monat* bei *allen* Katzen in Ihrem Haushalt durch.

In versteckten Nischen des Gehörganges, unter Krusten und Borken, überleben gelegentlich einige Milben. Sie vermehren sich rasch und führen zu Rückfällen. Ganz sorgsame Menschen reinigen die Ohren nach der Ölerei mit dem Reinigungsmittel. So wird der Gehörgang sauber.

Nur der Katzenkopf wirkt noch verschmiert. Das ist einer der wenigen Fälle, in denen ich bei Hauskatzen ein mildes Vollbad empfehle. Nötig ist es nicht unbedingt, die Katze sieht danach aber besser aus. Restliche Ölspuren, die vor allem bei langhaarigen Edelkatzen sehr stören können, benötigen eine spezielle Behandlung. Dafür eignet sich ein Trockenshampoo, wie es beim Menschen für fettige Haare verwendet wird.

Bei Jagdausflügen kann auch einmal ein Fremdkörper ins Ohr gelangen

Fremdkörper

Bei der Mäusejagd auf Wiesen und an Wegrändern kann sich einmal eine Granne der Mäusegerste oder anderer Unkräuter ins Ohr verirren. Die kratzigen Gebilde wandern in den Gehörgang und erreichen schließlich sogar das Trommelfell. Das führt zu heftigen Schmerzreaktionen der Katze. Der Kopf wird schief gehalten und stark geschüttelt. Mit den Pfoten reibt sie verzweifelt an den Ohren. Diese Erscheinungen sind so charakteristisch, daß sie jedem Katzenhalter auffallen werden. Der starke Verdacht auf einen Fremdkörper ist immer gegeben, wenn die Katze von einem Ausflug zurückgekehrt ist, und nur *ein* Ohr schmerzt.

Bei solchen Erscheinungen gehört das Tier *sofort zum Tierarzt,* alles andere wäre blanke Quälerei! Selbst wenn Sie eine Granne im Ohr entdecken sollten, wird es

nicht der eigentliche Übeltäter sein. Der steckt nämlich tief im Gehörgang. Tropfen würden das Krankheitsbild nur verschleiern. Reinigungsversuche mit Wattestäbchen stoßen den Fremdkörper noch tiefer hinein und sind daher verboten. Der Tierarzt untersucht erst den Gehörgang in ganzer Länge und entfernt eventuelle Fremdkörper mit Spezialinstrumenten. Eine gewisse Vorbeugung können Sie betreiben, indem der Katze nach Ausflügen alle Grannen sorgfältig abgesammelt werden. Das nützt auch den Möbeln, in die sie sich sonst kratzig einspießen. Saison sind Hochsommer und Herbst, wenn die Gräser verdorren.

Verletzungen

Von Autounfällen einmal abgesehen, entstehen Ohrenverletzungen fast ausschließlich bei Katerkämpfen. Die zerfransten Ohrmuscheln der alten Recken sprechen eine deutliche Sprache.

Ohrenverletzungen können stark, aber nicht lebensbedrohend bluten. Sie werden kaum die Chance zu einem Blutstillungsversuch haben. Die Raufereien spielen sich ja nachts in der Dunkelheit ab. Am nächsten Morgen bleibt Ihnen nur noch bedauernder oder bewundernder Zuspruch übrig.
Anders sieht es aus, wenn sich die Verletzungen entzünden. Kleine Risse heilen nämlich schnell zu, und unter der Haut können sich beachtliche Eiteransammlungen bilden. Dabei verschwellen Ohr, Auge, zuweilen der ganze Kopf. Der Kater wird apathisch, fiebert und hat keinen Appetit. Um das zu vermeiden, sollten Verletzungen sorgsam versorgt werden. Das wird im entsprechenden Kapitel beschrieben. Die infizierte Ohrverletzung gehört in tierärztliche Behandlung. Als wichtigste Maßnahme muß dem Eiter mit geschicktem Schnitt Abfluß verschafft werden. Danach bessert sich das Befinden des Katers sehr schnell wieder, und bald geht es erneut auf nächtliche Tour!

Erkrankungen des Atmungsapparates

Infektiöse Erkrankungen des Atmungsapparates spielen bei Katzen eine große Rolle. Das größte Interesse gilt dem *Katzenschnupfen,* der bereits besprochen wurde. Katzenschnupfen ist eine Sammelbezeichnung für verschiedene Erkrankungen im Kopf-Hals-Lungenbereich. Man kann ihn nicht immer klar von anderen, banalen Infektionen abgrenzen.

Generell gilt, daß alle schweren Krankheitsfälle mit Fieber und fehlendem Appetit tierärztlich behandelt werden müssen. Der häuslichen Pflege kommt dabei eine entscheidende Rolle zu. Fehlende Zuwendung in weitestem Sinne wirkt geradezu als Auslöser für diese Erkrankungen. Das erklärt die schlechten Heilungserfolge in Kliniken, trotz bester Versorgung.

Schnupfen

Wenn eine ungeimpfte Katze – in welchem Alter auch immer – typische Schnupfensymptome aufweist, liegt der Verdacht auf echten Katzenschnupfen sehr nahe. Die Erscheinungen entsprechen denen eines besonders schweren Schnupfens beim Menschen.

Abgesehen von diesem Fall, kann sich eine Katze natürlich auch einmal schlicht erkälten, und davon soll hier die Rede sein. Bei der Bewertung von Fieber, Appetit und Allgemeinbefinden messe ich letzterem die größte Bedeutung bei. Die Futterverweigerung ist eine prinzipiell sinnvolle Maßnahme des Organismus bei Erkrankungen, die Sie nicht unterschätzen sollten! Auf keinen Fall mit Zwang füttern, das kann zu einer echten Verschlimmerung führen, nämlich immer dann, wenn flüssige oder feste Nahrung in die »falsche Kehle« kommt, also in die Luftröhre gelangt.

Die tägliche Fiebermessung ist wichtig, weil jede Erhöhung der Temperatur eine Verschlechterung anzeigt. So läßt sich der Krankheitsverlauf gut beurteilen.

Behandeln Sie die Katze nun einfach wie ein schnupfenkrankes Familienmitglied! Beschäftigen Sie sich vermehrt mit ihr, wobei Bewegung in der Stube nicht schadet. Immer frisches Wasser und frische Milch anbieten. Futter nur in Miniportionen. Sie sollte auf jeden Fall im Hause bleiben; kranke Katzen gehen leicht verloren! Wenn sich der Patient nicht mehr allein putzt, was ein schlechtes Zeichen ist, müssen Sie einspringen. Triefnäschen und verklebte Augen werden mit einem Läpp-chen oder Papiertaschentuch gesäubert, das man mit verdünnter Kamillentinktur tränkt. Es dürfen keine Krusten und Borken zurückbleiben. Bei stark schniefender Atmung ist die Gabe von abschwellenden Nasentropfen für Kinder angebracht. Die Mundatmung fällt Katzen nämlich sehr schwer.

Generell sollte sich das Befinden stetig bessern. Bei jeder Verschlechterung würde ich an Ihrer Stelle sofort zum Tierarzt gehen. Eitriges Sekret ist das Zeichen für eine Infektion mit Bakterien. Da kann der Doktor mit einer Antibiotika-Injektion helfen.

Kehlkopfentzündung

Wenn die Katze bellend und krächzend hustet, ist der Verdacht auf *Kehlkopfentzündung (Laryngitis)* gegeben. Sie können sich mit einem einfachen Handgriff Gewißheit verschaffen: Daumen und Zeigefinger ertasten erst die Luftröhre im Hals. Der Kehlkopf ist als deutliche Verdickung –»Adamsapfel«– fühlbar. Nun wird er kurz, aber recht kräftig, zusammengedrückt. Die Knorpel sollen sich richtig einbiegen. Bei Kehlkopfentzündung löst man damit einen deutlichen Hustenanfall aus. Die Behandlung dieser mehr lästigen als gefährlichen Erkrankung ist nicht einfach. Wichtig: Der Patient darf nur gleichmäßig temperierte und nicht zu trockene Luft einatmen. Zugluft wäre Gift.

Für den Menschen bestimmte Hustenmittel wirken nicht zuverlässig und sind bei falscher Dosierung schädlich. In Frage kommen rein *schleimlösende Präparate*.

Die Katze muß sie aber möglichst *freiwillig* mit dem Futter aufnehmen, von der Eingabe rate ich wegen der Gefahr des Verschluckens ab.

Bei sehr ruhigen Katzen können Sie die hier sehr nützliche *Inhalation* versuchen. Gelegentlich hört man, der Besitzer solle sich mit der Katze in ein dampfgefülltes Badezimmer setzen. Das hilft wohl dem Kehlkopf, wenn aber das verstörte und feuchte Tier dann herauskommt, ist die Erkältungsgefahr viel zu groß.

Bronchitis

Bei ungünstig verlaufenden Fällen beginnt die Infektion im Nasen- und Rachenbereich. Sie wandert dann über den Kehlkopf zu den Bronchien und schließlich in die Lunge.

Auch bei der Bronchitis hustet die Katze. Der Husten klingt aber weniger scharf, er bewirkt, daß störender Schleim herausgeschafft wird. Er läßt sich nicht so prompt auslösen wie bei der zuvor beschriebenen Kehlkopfentzündung. Es sei denn, auch diese liegt vor.

Ganz wichtig sind bei der Behandlung die pflegerischen Maßnahmen, über die ja bereits gesprochen wurde. Dann kommt es darauf an, den meist vorhandenen zähen Schleim in den Bronchien zu lokkern und den Auswurf zu fördern. Das gelingt mit speziellen *schleimlösenden Präparaten (Sekretolytika),* die die Katze aber freiwillig aufnehmen sollte. Ein altes Hausmittel ist für diesen Zweck auch *Honigmilch,* in die man als Krönung das schleimlösende Medikament einrührt.

Hustenmittel sind *nicht* angebracht. Der Husten ist in diesem Falle nützlich, da er die Bronchien ausputzt. Wenn die Katze sich nun auch noch zu einer Inhalation bewegen läßt, sollte die Bronchitis wohl bald vergessen sein.

Bei Bronchitis ist das Fieber – wenn überhaupt vorhanden – nur mäßig hoch. Ein Anstieg deutet auf Verschlimmerung, meist sogar auf die für die Katze so gefährliche Lungenentzündung, hin.

Lungenentzündung

Bei der *Lungenentzündung (Pneumonie)* besteht immer akute Lebensgefahr. Die Katze wirkt sehr krank. Das Fieber geht hoch, sie wird keinen Appetit mehr haben. Auffallend ist das schwere Atmen, Husten kann fehlen.

Natürlich muß der Tierarzt die Behandlung mit all seinen wirksamen Mitteln durchführen. Bakterien werden durch *Antibiotika* oder *Sulfonamide* bekämpft; dies in Kombination mit schleimlösenden und die Abwehrkräfte stärkenden Präparaten. Sehr wichtig ist, daß Sie die erforderliche *häusliche Nachbehandlung* sorgfältig durchführen.

Es ist lebenswichtig für die Katze, daß Sie die tierärztliche Anweisung genau befolgen. Der häufigste Fehler: Bei rascher Besserung wird die Behandlung zu schnell abgebrochen, »um das Tier nicht mehr zu quälen«. Dabei fürchtet man Rückfälle gerade bei Lungenentzündungen.

Eine Spezialform der Lungenentzündung verläuft besonders schwer. Sie entsteht meist durch unsachgemäße Zwangsfütte-

rung. Dabei können nämlich infizierte Futterteile durch Verschlucken in die Lunge gelangen. Das führt zur sogenannten *Fremdkörperpneumonie*. Die örtliche Entzündung in der Lunge will nicht weichen, solange der ständige Erregernachschub anhält. Charakteristisch ist ein süßlich-fauliger Geruch der Ausatmungsluft.

Die Behandlung erfolgt durch massive Antibiotikagaben. In manchen Fällen ist sogar eine Lungenoperation angebracht. Die Aussichten auf völlige Heilung sind in jedem Fall fraglich. Aus diesem Grunde verstehen Sie wohl auch meine ständigen Warnungen vor der Zwangsfütterung!

Tuberkulose

Glauben Sie etwa, ich wollte unsere Katzen für die Übertragung der Tuberkulose (Tb) verantwortlich machen? Im Gegenteil, am Beispiel dieser Erkrankung läßt sich zeigen, wie leicht Tiere in unberechtigten Verdacht kommen können.

Zunächst: Menschliche Tb hat immer eine schlimme Rolle gespielt und spielt sie heute leider noch. Rinder-Tb war weit verbreitet und ist nun in Deutschland getilgt. Katzen konnten sich früher leicht an tuberkulöser Milch anstecken.

Jetzt ist die wichtigste Tb-Ansteckungsquelle für Katzen der Mensch! Am Auswurf können sie sich infizieren und erkranken – was glücklicherweise zu den Raritäten gehört. Der Ansteckungsweg Katze zu

Enger Kontakt zwischen Katze und Mensch ist erwünscht und nur in ganz seltenen Fällen ein gesundheitliches Risiko

Mensch ist höchst unwahrscheinlich. Denn: Auswurf hustet die Katze nicht aus, sondern schluckt ihn ab. Nur engster körperlicher Kontakt mit dem Tier würde die Übertragung möglich machen.

Wer nun Angst bekommt, weil sein Kätzchen hohl hustet und abmagert – die *Tuberkulinprobe* gibt Gewißheit. Grundsätzlich muß man wohl Katzen vor tuberkulösen Menschen schützen und nicht umgekehrt!

Durchfall

Von einer gesunden Katze wird der Kot ohne sonderliches Pressen geformt abgesetzt. Erscheint er breiig oder gar flüssig, so spricht man von Durchfall, und das fällt auf! Ganz besonders, wenn das Unglück auf dem Teppich landete.

Im Dünndarmbereich ist der Futterbrei immer suppig. Erst im Dickdarm wird ihm die Flüssigkeit entzogen. Ist die Passage durch den Dickdarm beschleunigt, so erscheint am Ausgang kein normales Würstchen, sondern eben der Durchfall. Der Körper wählt diese Methode, um ungeeignete und ungesunde Nahrungsbestandteile, auch Gifte, schnell herauszuschaffen. Ein sehr sinnvoller Vorgang, den man nicht stören sollte.

Bei Darmentzündungen der verschiedensten Ursachen kann der Darm seiner Funktion nicht nachkommen. Der Futterbrei »fällt durch«, daher die Bezeichnung Durchfall. So ist Durchfall keine Krankheit, sondern das Zeichen einer Störung im Verdauungsablauf, also ein Symptom.

Nun ganz wichtig: Gelegentlichen Durchfall können Sie mit guten Erfolgsaussichten behandeln. *Die Katze gehört aber sofort zum Tierarzt,* wenn sie

- Fieber hat,
- deutlich krank wirkt,
- gleichzeitig erbricht,
- eingesunkene Augen bekommt.

Dabei denke ich an die Katzenseuche, an Vergiftungen und eine schwere Darmentzündung. In solchen Fällen kommt es auf Stunden an.

Neurosen

Eigentlich wirkt Ihre Katze überhaupt nicht krank. Sie ist nur plötzlich unsauber geworden. Der dünne Stuhlgang wird sogar auf dem Perserteppich abgesetzt. Da liegt der Verdacht auf eine Neurose, eine Verhaltensstörung nahe. Bei unseren sensiblen Tieren ist das keine Seltenheit. Auf dieses Thema wird noch ab Seite 74 näher eingegangen.

Fütterungsfehler

Bei gelegentlichem Durchfall denken Sie bitte zunächst an das Nächstliegende: ungeeignetes Futter. Was hat sich in den letzten Tagen bei der Fütterung verändert? Sind Sie von einer Fertigfuttermarke auf eine andere übergegangen? Das ist kein Fehler, der Verdauungsapparat muß sich aber vielleicht erst umstellen.

Abführend wirken bei *einigen* Katzen: rohe Kuhmilch, rohe Leber, rohes Eiweiß (ohnehin kein gutes Futtermittel). Wenig stimme ich der Ansicht zu, daß kaltes Futter zu Durchfällen führt, denn die bedachtsam speisenden Katzen wärmen alles beim Kauen schön an, bevor es in den Magen gelangt.

Meine Aufzählung kann nicht vollständig sein. Katzen haben zuweilen die merkwürdigsten Unverträglichkeiten. Das ist unangenehm, wenn es Dinge sind, die sie mögen und gierig aufnehmen. Da müssen Sie etwas Detektiv spielen.

Den wichtigsten *Behandlungsschritt* bei starkem Durchfall leitet die kluge Katze meist selber ein: *sie futtert wenig oder nichts*. Mindestens ein Fastentag, besser noch mehr, ist die sinnvollste Selbstheilungsmaßnahme des Organismus. Es wäre folglich pure Unvernunft, die Patienten durch immer neues Lieblingsfutter zur Nahrungsaufnahme verlocken zu wollen. Als erste Nahrung bieten Sie der Katze dann einen speziellen »Durchfall-Haferbrei« an. Er wird salzig zubereitet. Entweder mit Brühwürfeln oder bei Verwöhnungstendenz mit einer richtigen Fleischbrühe. Es ist wichtig, daß genügend Salze aufgenommen werden. Den Brei kann man auf Vorrat kochen und einige Tage im Kühlschrank aufbewahren. Bieten Sie nur zimmerwarme Miniportionen an. Es schmeckt ihr nicht? Auch recht, dann wird eben noch etwas gefastet.

Frisches Trinkwasser muß immer zur Verfügung stehen. Ein starker Flüssigkeitsverlust durch den Durchfall kann bedenklich werden. Wenn etwa die Augen einsinken, ist es höchste Zeit, zum Tierarzt zu gehen. Der wird dann schon mäßig schimpfen. Wenn sich eine deutliche Besserung zeigt, gehen Sie bitte *langsam* vom Spezialbrei auf das normale Futter über.

Von Stopfmitteln halte ich nicht viel. Sie beruhigen nur den Tierbesitzer. Kartoffelstärke und ähnliches bindet Flüssigkeit, der Kot wird dann etwas fester. Damit wurde die Ursache des Durchfalls aber überhaupt nicht beeinflußt. Medizinische Spötter sagen, daß man die Stärke auch über das Häufchen streuen könnte.

Schwarzer Tee »gerbt« die Darmschleimhaut. Überzeugende Heilungen lassen sich damit jedoch nicht erzielen. Wirksam sind Arzneien, die die gestörte Darmbewegung regulieren *(Spasmolytika)*. Damit wird die Krankheitsdauer abgekürzt und schmerzhaftes Bauchgrimmen beseitigt. Für Katzen geeignete Präparate erhalten Sie beim Tierarzt.

Infektiöse Durchfälle

Sie sind eine Domäne des Tierarztes. Lebensrettend wirken *Antibiotika* oder spezielle *Sulfonamide*. Für die Behandlung schwerer infektiöser Durchfälle muß er die ganze Skala seiner Möglichkeiten aufbieten.

Wenn längere Zeit andauernde Infusionen erforderlich werden, ist ein Klinikaufenthalt vielfach nicht zu vermeiden, so ungern ich das auch bei Katzen anrate.

Würmer

Zuweilen kann ein starker Wurmbefall Durchfälle auslösen. Bei genauerer Betrachtung des Stuhlganges sollten Sie darin eigentlich die großen Spulwürmer oder Bandwurmglieder unschwer entdecken können.

Die Wurmkur verstärkt manchmal den Durchfall kurzfristig, führt dann aber schnell zur Normalisierung. Denken Sie an die 2. Kur nach zwei bis drei Wochen bei Spulwurmbefall!

Verstopfung

Die wählerische Art der Katze bewahrt sie bei der Nahrungsaufnahme meist vor krassen Fütterungsfehlern. Hungrige Hunde schlingen zum Beispiel große Knochenmengen herunter, wenn man sie ihnen anbietet. Das führt dann zum fast betonharten Knochenkot.

Der Volksmund drückt das reizend und zutreffend aus:»Iß wie eine Katze und trink wie ein Hund, dann wirst du lange leben und bleibst stets gesund.«

Trotz ihrer Vorsicht kommt es aber auch bei Katzen einmal zu Verstopfungen, die allerdings selten sind. Sie fallen nicht so offensichtlich auf wie der Durchfall. Vor allem nicht bei Tieren, die draußen herumlaufen. In der Katzentoilette werden Sie rechtzeitig bemerken, daß der Kot fester, härter wird. Wenn das Tier heftig preßt, dabei aber nichts zustande bringt, muß man zur Untersuchung schreiten.

Wegen der Verletzungsgefahr bin ich *gegen* die Anwendung eines Thermometers. Mit diesem als Tastinstrument wird ja versucht, eine eventuelle Verstopfung festzustellen. Es besteht aber die Gefahr, daß das starre Instrument vom harten Kot abgleitet und den Darm beschädigt. Nein, das ideale Gerät für diese kleine Erkundung ist Ihr *Zeigefinger.* Nur nicht ekeln, es ist doch Ihre Katze! Ein Gummifingerling, wie der Arzt ihn verwendet, wäre nützlich. Dicke Spülhandschuhe sind ungeeignet, man hat darin kein Gefühl. Im Zweifelsfall tut es der dick eingecremte Finger. Sorgsam in den After eingeführt, tastet er das Passagehindernis ab und bestimmt dessen Härte. Eine solche Untersuchung ist deswegen so wichtig, weil statt festem Kot ja auch eine Nadel oder ein Knochensplitter den Ausgang versperren könnte. Das würde dann eine völlig andere Behandlung als bei hartem Stuhlgang erfordern.

Fütterungsfehler

Zu trockenes Futter läßt den Kot langsam härter werden, bis es dann plötzlich überhaupt nicht mehr vorangeht. Diese Entwicklung sollten Sie sorgsam beobachten und rechtzeitig eingreifen. Damit sei nicht gesagt, daß Trockenfutter generell festen Stuhl macht. Im Gegenteil, manche dieser Futtersorten enthalten viele unverdauliche Ballaststoffe, und die führen eher ab. Man muß es eben ausprobieren.

Eine andere Futtersorte wird Erleichterung schaffen. *Rohe Leber* – es muß kein Pfund sein – wirkt leicht abführend. Seien Sie vorsichtig mit Abführmitteln! Rizinus ist verboten, weil schädigend, Glaubersalz schwierig einzugeben. Allenfalls lasse ich noch Paraffinöl gelten. Ein halber Teelöffel reicht für eine ausgewachsene Katze.

Bei hartem Kot im Enddarm ist ein *Klistier (Einlauf)* nützlich. Es weicht den Stuhl auf und regt die Darmtätigkeit schonend an. Machen Sie es sich einfach und nehmen ein *Fertigklistier.* Das gibt es in der Apotheke für Babys. Bei den seltenen Verstopfungen der Katze ist es nicht anzuraten, sich eine Klistierspritze für diesen Zweck anzuschaffen.

Häufige Verstopfungen deuten allerdings auf ernste Fütterungsfehler hin und können nicht dauernd mit Klistieren und Medikamenten korrigiert werden. Lassen Sie sich vom Tierarzt beraten.

Fremdkörper im Darm

Auch hier ist die Katze wieder ihrem hastiger schlingenden Vetter, dem Hund, voraus. Nur selten wird sie ein Knochenstück oder Spielzeug so unglücklich schlucken, daß es im Darm steckenbleibt. Trotzdem sind Darmverschlüsse, zumindest bei Langhaarkatzen, nicht eben selten. Beim Putzen nehmen sie nämlich ständig Haare auf, die im Magen verfilzen können. Eine solche *Haarkugel (Bezoar)* kann den Magenausgang oder auch den Darm blockieren.

Auch *Wurmknäuel* haben schon den Darm verstopft. Daran muß man bei kleinen Katzen denken.

Wie auch immer, das Ergebnis ist ein Verschluß des Verdauungskanals. Dies ist ein lebensbedrohendes Ereignis mit dramatischen Erscheinungen. Kot wird nicht oder nur noch in kleinen Portionen abgesetzt. Dafür *erbricht* das arme Tier häufig, Fieber fehlt.

Überflüssig zu erwähnen, daß schnellstens ein Tierarzt zugezogen werden muß. Anhand sorgfältiger Betastung oder einer Röntgenaufnahme ist zu entscheiden, ob man ein mildes Abführmittel geben und abwarten kann. Sonst wird möglichst bald operiert. Die Aussichten auf Heilung sinken mit der Verschlechterung des Allgemeinbefindens.

Die schönen Langhaarkatzen müssen gut gepflegt werden, sonst verfilzt und verklebt sich ihr Fell

Afterverklebung

Unglaublich, aber wahr: Bei nicht sonderlich gepflegten – um nicht zu sagen stark vernachlässigten – Langhaarkatzen verklebt sich der Stuhl mit den Haaren am After. Schließlich ist die Passage völlig versperrt, und das bedauernswerte Tier kann keinen Kot mehr absetzen! Was bei einer gut gehaltenen, kurzhaarigen Katze sofort auffallen würde, bleibt hier meist lange unentdeckt. Der Patient quält sich, preßt vergeblich und hat große Schmerzen.

Die Abhilfe ist keineswegs einfach. Immer wieder muß mit warmem Seifenwasser geweicht und dann müssen die Haare sorgfältig abgeschnitten werden. Das sagt sich leicht, ist aber für beide Teile eine unangenehme Prozedur.

Erbrechen

Gelegentliches Erbrechen (Vomitus) ist bei der Katze – und anderen Fleischfressern – relativ häufig und generell nicht gefährlich. Es bedeutet letztlich nur, daß der Körper die aufgenommene Nahrung nicht akzeptiert. Sie wird daher wieder herausexpediert. Diesen sehr sinnvollen Vorgang sollte man nicht ohne besonderen Grund blockieren.

Erbrechen ist, wie der Durchfall, keine selbständige Erkrankung, sondern nur das Zeichen für irgendeine Unstimmigkeit des Körpers. Im einfachsten Falle erledigt sich die Angelegenheit damit von allein. Der Störfaktor ist draußen und die Katze wieder vergnügt.

Das Erbrechen, als Begleitvorgang schwerer Erkrankungen, läßt sich davon leicht abgrenzen. Der Patient wirkt dann ernsthaft krank, die Augen blicken trübe, bei Infektionen steigt die Körpertemperatur, an Spielen ist nicht zu denken. Bedenklich stimmt, wenn nur noch Schleim oder Schaum herauskommt und sich Blutbeimengungen finden. Nur Mut: Scharren Sie das Erbrochene mannhaft in ein Plastikbeutelchen, stecken den Impfpaß ein und gehen mit der Katze zum Tierarzt! In solchem Falle darf keine Zeit mit gutgemeinter, aber wenig effektiver häuslicher Pflege verloren werden. Anhand des Erbrochenen kann der Arzt schon erste Schlüsse auf die Grundkrankheit ziehen, und der Impfpaß zeigt, ob Katzenseuche – immer ein Schreckgespenst – in Frage kommt.

Magenschleimhautentzündung

Eine *Entzündung (Gastritis),* meist aber nur die Reizung der Magenschleimhaut, führt zum Erbrechen. Die Ursache liegt in verdorbenem Futter, giftigen Stoffen in weitestem Sinne und unverdaulichen Nahrungsbestandteilen. Auf diese Weise werden die bei Langhaarkatzen häufigen Haarkugeln (Bezoare) an die Luft gebracht, ebenso Grasbüschel, auch einmal Wurmklumpen.

Und wenn es Ihnen noch so unappetitlich vorkommt: *Das Erbrochene sollte untersucht werden!* Mit einem Stöckchen oder Zweig wird es auseinandergezogen. In vielen Fällen ist dann alles klar. Eine Behandlung entfällt, wenn der Körper nur Unverdauliches herausgeschafft hat.

Nicht selten steht nach der Untersuchung ein Familienmitglied beschämt da. Verbotenerweise – wenn auch in guter Absicht – wurde eine Riesenmenge des Lieblingsfutters gegeben. Magenüberladung mit rettendem Erbrechen war die Folge, und das Tier muß die menschliche Unvernunft ausbaden.

Beim geringsten Gedanken an *Vergiftung* bewahren sie das Erbrochene in einem Plastikbeutel auf. Sollte der Tierarzt den Verdacht bestätigen, kann eine chemische Giftuntersuchung folgen.

Wenn sich das Erbrechen wiederholt, sind Gegenmaßnahmen angebracht. Es ist ein alter Streit, ob Katzen vom Grasfressen eine Magenschleimhautreizung bekommen und dann erbrechen oder bei vorhan-

dener Reizung Gras aufnehmen, um sich zu kurieren. Ich habe Vertrauen in die Vernunft der Katze und neige daher letzterer Ansicht zu. Gras wird als natürliches Diätetikum meist gern gefressen. So ist es auch richtig, Stubentieren einen kleinen Grastopf hinzustellen, wie man ihn präpariert erhält. Sie regulieren damit ihre Verdauung und gehen nicht an den teuren Blumentopf.

Ein *Fastentag* kann nie schaden. Davon halte ich mehr als vom plötzlichen Übergang auf »leicht verdauliches« Futter. Was ist das schon? Manche Katzen reagieren gerade auf Schonkost empfindlich. Beim Fasten muß immer frisches Wasser zur Verfügung stehen – keine Milch.

Kam Ihnen das Erbrechen bedenklich vor und erfolgte es mehrfach hintereinander, so beginnen Sie die Fütterung mit dem beschriebenen Durchfall-Haferbrei. Damit verhindert man Rückfälle. Eine List steckt dahinter: Mit diesem Brei wird sich keine Katze schädigend den Magen überladen! Medikamente würde ich bei häuslicher Pflege *nicht* geben. Unstillbares Erbrechen, auch während des Fastens, gehört in die Obhut des Tierarztes. Nur auf dessen Anweisung sind krampflösende und entzündungshemmende Präparate in Form von Zäpfchen angebracht.

Fremdkörper

Fremdkörper im Magen oder Darm lösen Erbrechen aus, wenn die Passage verstopft ist. Das sind lebensbedrohende Fälle! Erbricht die Katze also dauernd, ohne Stuhlgang zu haben, sinken die Augen ein – dann nichts wie hin zum Tierarzt! *Nur die rasche Operation kann helfen.*

Zentrales Erbrechen

Manchen Katzen wird beim Autofahren übel, und sie müssen sich erbrechen. Auch nach Gehirnerschütterungen tritt Erbrechen auf. Die Ursache liegt dabei nicht im Magen, sondern im Gehirn, der Zentrale des Nervensystems.

Das ist eine Domäne der *Antibrechmittel (Antiemetika).* Zweckmäßigerweise gibt man sie in Form von Zäpfchen. Ihr Tierarzt kann Ihnen sogar ein Präparat empfehlen, das für Mensch und Tier gleichermaßen gut geeignet ist.

Infektionen

Wenn Erbrechen zusammen mit Fieber auftritt, liegt eine Infektion vor. Es wäre völlig falsch, nur am Magen herumdoktern zu wollen. In diesem Falle muß der Tierarzt mit all seinen Mitteln eingreifen, und ich hoffe für Ihre Katze, daß es keine Katzenseuche ist.

Neurosen

Gar nicht so selten äußert sich eine Neurose bei Katzen in Erbrechen, meist mit Durchfall kombiniert. Darauf wird noch gesondert eingegangen. Bitte vergessen Sie nie, daß Katzen körperlich robust, seelisch aber sehr empfindlich sind!

Erkrankungen der Harnorgane

Es läßt sich nicht leugnen, Erkrankungen der Harnorgane sind bei der Katze *häufig*. Sie dürfen auch nicht bagatellisiert werden. Einerseits verursachen diese Leiden unangenehme Schmerzen, andererseits führen sie unbehandelt zu Siechtum oder Tod.

Es erhebt sich die Frage, ob ein fürsorglicher Katzenbesitzer überhaupt die Möglichkeit hat, Verdacht auf eine solche Krankheit zu schöpfen. Immerhin handelt es sich dabei doch um Organe, die versteckt im Körper liegen und deren Funktion nicht einfach zu beurteilen ist.

Nun, in diesem Kapitel werden nur die Erkrankungen aufgeführt, bei denen der Katzenfreund eine reelle Chance besitzt, sie rechtzeitig zu erkennen. In allen anderen Fällen – etwa bei einer *Nierenentzündung* – wird die Katze schwer krank. Sie frißt nicht, bekommt Fieber: Grund genug, den Tierarzt aufzusuchen, der ganz andere Möglichkeiten als der Laie zur genaueren Untersuchung hat.

Blasenentzündung

Die *Blasenentzündung (Cystitis)* kommt bei männlichen *und* weiblichen Tieren relativ häufig vor. Eine Erkältung kann sie auslösen, auch Reizungen durch Blasensteine oder besondere Ernährungs- und Trinkgewohnheiten.

Es fällt auf, daß die Katze *oft* und in *kleinen Portionen* Urin absetzt. Das kann an *ungewohnten Orten,* außerhalb der Katzentoilette, erfolgen. Eine Verwechslung mit dem neurotischen *Protestharnen* ist möglich. Im Gegensatz zum Protestharnen ist der Harnabsatz bei der Blasenentzündung aber *schmerzhaft.* Die Katze preßt dabei, maunzt und leckt sich den Penis oder die Scheide.

In schweren Fällen wird der Urin, besonders die letzten Tropfen, *blutig.* Das merkt man, wenn das Bächlein auf einer Katzentoilette mit heller Streu abgesetzt wurde, auch sonst auf hellem Untergrund. Schwierig wird es bei Katzen, die draußen herumstreifen. Das schmerzhafte Pressen könnte schließlich ebenfalls auf die – seltenere – Verstopfung hindeuten.

Eine leichte bis mittelgradige Blasenentzündung quält die Katze, ist aber nicht unbedingt gefährlich. Ein solcher Patient sollte *warm* gehalten werden. Anstatt komplizierter Bestrahlungsapparaturen empfehle ich dafür den menschlichen Schoß und die menschliche Hand. Wenn Sie dabei ein Glas Glühwein trinken, wird von Ihnen bald die ideale Temperatur abgestrahlt.

Auch für den Patienten ist *vieles Trinken* ein hervorragendes Hausmittel, nur wird sich die Katze nicht zu einer Bierkur bewegen lassen. Zwangstränkung scheidet natürlich aus. Versuchen Sie doch, ihr ein Lieblingsgetränk hinzustellen. Mit Ausnahme von Milch ist alles erlaubt. Mag sie gern gesüßten Tee oder Fruchtsaft oder eine dünne Fleischbrühe? Probieren Sie es aus. Klares Wasser sollte immer daneben stehen.

Als *Medikamente* kommen Präparate in Frage, die schmerzlindernd, krampflösend und entzündungshemmend wirken. Sie erhalten etwas für Katzen Geeignetes beim Tierarzt. Damit läßt sich der schmerzhafte Krankheitsverlauf entscheidend abkürzen.

Harnröhrengrieß, Harnsteine

Ist die Blasenentzündung eine unangenehme Belästigung der Katze, so stellen Harnsteine eine echte Gefahr für Leib und Leben dar. Man findet sie überwiegend bei *Katern,* kastrierten und unkastrierten. Manche Tiere leiden sehr häufig daran. So fragt man immer wieder, wie dem vorgebeugt werden kann. Es gibt dafür viele *Wege,* Spezialdiäten und Vorschriften für Speis und Trank. Leider ist es so, daß menschliche und tierische Steinträger oft Rückfälle bekommen, obwohl sie weitgehend allen guten Ratschlägen folgen. Daraus ziehe ich den traurigen Schluß, daß es wohl noch nichts Rechtes gibt. Das gilt übrigens nicht für Nierenkrankheiten! Da ist eine Spezialdiät wichtig und hilfreich. Als Rat zur Vorbeugung bleiben Banalitäten: immer frisches Trinkwasser, wenig Trockenfutter, wenig Milch, eine stets saubere Katzentoilette.

Der Verdacht auf Harnsteine und -grieß ist gegeben, wenn der Kater sich wie bei einer Blasenentzündung benimmt. Meist sind die Steine ohnehin mit einer Blasenentzündung gekoppelt. Bei genauester Beobachtung fällt auf, daß trotz heftigen Pressens nur einige Harn- oder Blutstropfen abgesetzt werden. Besonders gefährlich ist die Verlegung der Harnröhre mit Stein-grieß. Da staut sich der Urin in der Blase, und nun muß schnell etwas geschehen. Schon nach wenigen Tagen kommt es zur *Harnvergiftung,* die tödlich verläuft.

Eine kleine Untersuchung kann ich Ihnen zumuten! Sie nehmen dazu das arme Katerchen auf den Schoß und tasten zunächst *sanft* den Bauch ab. Vorsicht, die bei Harnröhrenverlegung prall gefüllte Blase schmerzt. Sie fühlt sich wie eine feste Zitrone an. Dann betrachten Sie bei gutem Licht den Penis, der dafür etwas hervorgedrückt wird. Bei Harnröhrenblockade ist seine sonst rosige Spitze dunkelrot verfärbt. Vielleicht sehen Sie sogar, wie etwas Weißlich-Gelbliches daraus hervorquillt. Das ist dann kein Eiter, sondern der Grieß. Andere Autoren empfehlen, jetzt den sorgsamen Versuch zu machen, den Grieß herauszumassieren. Bitte ganz feinfühlig sein, sonst kann es grobe Tierquälerei werden. Ich würde es selber nicht wagen, ohne dem Patienten ein krampflösendes und schmerzstillendes Mittel gegeben zu haben. Meist gelingt die Freilegung sogar nur in einer leichten Narkose. Wenn der Urin wieder fließt, ist der Schaden erst einmal behoben. Leider gibt es bei dazu veranlagten Katern leicht wieder Rückfälle. Abhilfe bringt eine tierärztliche Paradeoperation, das Einsetzen des sogenannten *Plastikpenis.* Dabei wird der eigentliche Penis mit seiner an der Spitze verengten Harnröhre amputiert. Statt dessen pflanzt man ein raffiniert gestaltetes Plastikröhrchen ein, das den Urin nun ohne Engpaß nach außen leitet. Natürlich ist der Kater damit unfruchtbar. Er wird in der gleichen Sitzung kastriert, wenn das noch nicht geschehen war.

Erkrankungen des Bewegungsapparates

Der ästhetische Reiz der Katze kann durch eine herzige Fotografie nicht annähernd wiedergegeben werden. Sie verkörpert dynamische Schönheit, die sich erst in der Bewegung offenbart. Ihr geschmeidiger Gang, der gleitende Übergang zum kraftvollen Sprint und gar der sich daran anschließende beherrschte Angriffssprung, das erfreut jeden, der Sinn für Harmonie besitzt. Nur Leichtathletiktrainer wenden sich betrübt ab, denn diese Vollkommenheit werden sie bei ihren Schützlingen nie erreichen. Um so schlimmer, wenn der natürliche Bewegungsablauf gestört ist und die Katze erbärmlich lahmt. Als Grundregel gilt, daß die zur Lahmheit führende Ursache meist *schlimmer und ernster* ist, als man zunächst annimmt. Der Grund: Unsere seelisch so sensiblen Kätzchen sind im körperlichen Bereich von unerhörter Härte!

Nur ein Erlebnis, stellvertretend für viele: Eine vorn links lahmende Katze konnte nur mit Mühe eingefangen werden. Ich stellte eine Schußverletzung fest, die Oberarmknochen, Schulterblatt und Teile der Rippen zertrümmert hatte. Die Splitter steckten faulend in der eiternden Wunde. 14 Tage nach der Operation war nur noch eine mittelgradige Bewegungseinschränkung festzustellen!

Daher die Regel, daß *jede* überhaupt sichtbare Lahmheit der Katze genau untersucht werden muß. Gelassenes Abwarten ist erst dann angebracht, wenn man eine harmlose Ursache für die Beschwerden der Katze erkannt hat.

Erfreulicherweise ist die Untersuchung für jeden aufmerksamen Katzenfreund relativ einfach. Gehen Sie aber bitte methodisch vor. Folgende drei Fragen müssen beantwortet werden:
1. Geht die Lahmheit von der Wirbelsäule aus?
2. Auf welchem Bein lahmt sie?
3. Welche Stelle des lahmenden Beines schmerzt?

Die Antworten deuten auf unterschiedliche Erkrankungen des Bewegungsapparates hin.

Wirbelsäulenverletzungen

Die Wirbelsäulenverletzungen entstehen durch Stockhiebe, Steinwürfe, Hundebisse und Schüsse. Ihr gemeinsames Kennzeichen ist die vollständige oder teilweise *Lähmung der Hinterbeine.* Sie werden nachgeschleift, sind kraftlos, zuweilen ohne Gefühl.

Keine Frage: Die Katze muß sofort zum Tierarzt. Jede Eigenbehandlung wäre reine Tierquälerei. Für den Transport nimmt man keinen engen Behälter, sondern den großen Wäschekorb. Darin kann die Katze ausgestreckt liegen.

Die Heilungsaussichten sind leider sehr gering, häufig muß man an Einschläfern denken.

Lahmes Bein

Welches Bein betroffen ist, erkennen Sie durch die ruhige Beobachtung der *langsam gehenden* Katze, nicht bei schnellem Lauf. Die Beurteilung ist einfach, wenn ein Bein vor Schmerz hochgezogen wird. Probleme bereiten geringe Lahmheiten, die nur nach einem Sprung zu bemerken sind. Andererseits sollten Sie auch nicht zu vorsichtig sein, es wird sich dann wirklich um eine Bagatelle handeln.

Das verdächtige Bein haben Sie durch Beobachtung ermittelt. Nun nehmen Sie die Katze in aller Ruhe auf den Schoß und schmusen mit ihr. Sie muß sich richtig wohl fühlen, eine Untersuchung mit Zwang und Hektik bringt kein Ergebnis.

Knochenbruch

Auch ohne Röntgengerät kann ein Bruch von Ihnen ziemlich sicher festgestellt oder ausgeschlossen werden. Zuerst tasten Sie das entsprechende *gesunde* Bein sorgfältig ab. So bestimmt man Größe und Form der langen Röhrenknochen besser als mit Hilfe eines verwirrenden Anatomiebuches. Genauso müssen also auch die Knochen des verdächtigen Beines beschaffen sein. Jede ungewöhnliche Beweglichkeit deutet auf einen Bruch hin. Bei etwas Sorgfalt wird die Katze eine nur mäßige Schmerzreaktion zeigen.

Zu Brüchen kommt es durch Autounfälle, Stock- und Steinwürfe, Schlagfallen und ähnliche Gewalteinwirkungen. Sie sind – entgegen der Volksmeinung – auch kei-

neswegs ausgeschlossen, wenn Katzen vom Balkon oder aus Bäumen fallen. In jeder modernen Wohnung gibt es tückische Katzenfallen. Das sind die *Kippfenster*. Die Tiere springen sie an und verfangen sich mit einem Vorderbein darin, was selten ohne Bruch abgeht. Nach dem gleichen Konstruktionsprinzip sind die grausamen Fuchs- und Katzenfallen der Samen in Skandinavien aus einer Astgabel gebaut.

Jeder Bruch muß tierärztlich versorgt werden. In der Regel ist eine *Nagelung* dem Gipsverband – der längst aus leichtem Kunststoff besteht – vorzuziehen. Das hängt aber vom Einzelfall ab. Zucken Sie nicht zurück, wenn Ihnen der Tierarzt bei vernachlässigten Brüchen mit Infektion eine *Amputation* vorschlagen sollte. Die geschickte Katze läuft später auch auf drei Beinen gewandt und freut sich ihres Lebens.

Zerrung und Quetschung

Sportler, speziell Skifahrer, wissen es: Der glatte Bruch macht oft weniger Beschwerden und heilt schneller als eine »lächerliche« Zerrung. So kann man aus dem Grad der Lahmheit nicht unbedingt auf die Ursache schließen.

Ein Bruch ist es nicht? Dann drücken Sie erst das gesunde und dann das lahme Bein herzhaft mit Daumen und Zeigefinger ab. Deswegen erst das gesunde, weil die Katze sich an den Kneifer gewöhnen muß. Sie zuckt zunächst vor Schreck zusammen. Später nur noch, wenn die schmerzende Stelle gedrückt wird. Sie

werden überrascht sein, wie fest man zupacken muß, um überhaupt eine Reaktion zu erhalten.

Nun bitte nicht enttäuscht sein: Wenn keine äußere Verletzung vorliegt, rate ich zum reinen Abwarten! Sie denken an Einreibungen, Kurzwelle, Massage und schmerzlindernde Präparate? Alles richtig, bei Katzen aber nur kompliziert durchzuführen. Einreibungen werden abgeleckt – Vergiftungsgefahr! Kurzwelle und Massage sind prima, aber aufwendig. Schmerzstillende Mittel verführen zu ungebremster Bewegung. Ohne alles macht die kluge Katze, was die vernünftigste Behandlung ist. Sie belastet die lädierten Gliedmaße immer wieder bis zur Schmerzgrenze. Vornehm nennt man das dynamische Bewegungstherapie.

Ballenverletzungen

Ein deutliches Zucken beim Drücken des Pfötchens? Da müssen Sie sorgfältig weitersuchen. Ballenverletzungen durch Glassplitter oder ähnliches haben eine schlechte Heilungstendenz. Ein Schutzverband wäre anzuraten, wird aber meist postwendend wieder abgerissen. Die klaffende Ballenwunde würde ich daher tierärztlich versorgen lassen – der Doktor wird Sie wegen der angeblichen Bagatelle gewiß nicht auslachen.

Bei deutlicher Schmerzreaktion ohne sichtbare Verletzungen besteht starker Verdacht auf einen eingetretenen Dorn. Wegen solcher Lappalien sind schon Löwen und Tiger elendig verhungert, weil sie nicht mehr jagen konnten. Eine sorgfäl-

Beim Beutefangsprung kann es leicht einmal zu Ballenverletzungen kommen

tige Untersuchung bei hellem Licht mit Hilfe einer Lupe ist erforderlich. Die Entfernung des Übeltäters mit der Splitterpinzette wird keineswegs einfach. Zwar traue ich es Ihnen zu, notfalls sollten Sie es aber dem Tierarzt überlassen.

Krallenverletzungen

Sie sind bei Katzen selten, führen dann aber zu deutlichen Lahmheiten. Eingerissene oder angebrochene Krallen könnten

Sie als entschlossener Mensch mit einem schnellen Knips der Fußnagelzange kürzen. Das ist ein kurzer Schmerz, dem eine harmlose Blutung folgt. Quälerei wird es bei zaghaftem Vorgehen, dann überlassen Sie es lieber dem Tierarzt.

Leider kommt es vor, daß einige der Krallen fehlen. Man sieht nur noch eine verkrustete Wunde. Die Katze geht dabei hochgradig lahm. In diesem Fall könnte sie in eine Schlagfalle geraten sein. Häufiger handelt es sich um Sadismus, und das ist ein Fall für die Kriminalpolizei.

Die schrecklichen Wunden heilen übrigens überraschend gut, da die Katze sie belecken kann.

Rheuma

Ältere Katzen werden zuweilen steif, sie bewegen sich schwerfällig. Das ist nicht unbedingt nur altersbedingt!

Zahlreiche Erkrankungen von Skelett und Muskulatur führen zu dieser Bewegungseinschränkung. Sie laufen meist unter dem Sammelbegriff »Rheuma«, was zwar nicht völlig korrekt ist, den Zustand aber treffend beschreibt.

Beobachten Sie bitte, ob die Katze Schmerzen empfindet. Bei gutem Allgemeinbefinden und nur etwas steifen Bewegungen würde ich nichts Einschneidendes unternehmen. Natürlich sollte der Schlaf- und Ruheplatz warm und völlig zugfrei sein. Probieren Sie es mit einer brennenden Kerze aus. Wenn sie flackert, ist der Platz ungeeignet. Außerdem ist eine vielseitige, aber knappe Fütterung gut.

Altersbeschwerden lindert man recht gut mit speziellen Präparaten für Tiere. Es ist zuweilen überraschend, wie danach das Fell wieder glänzt und die alten Herrschaften munter werden.

Nur wenn die Katze stöhnt und bei der Bewegung unbehaglich miaut, würde ich den Tierarzt um ein entzündungshemmendes Schmerzmittel bitten. Nehmen Sie auf keinen Fall ein beliebiges Präparat aus der Hausapotheke! Damit hat es schon schlimme Vergiftungen gegeben. Die verordneten Mittel müssen genau nach Anweisung, meist regelmäßig über längere Zeit gegeben werden.

Verletzungen

Der sagenhafte Ruf von den sieben Leben der Katze rührt von ihrer Fähigkeit her, auch grauenvolle Verletzungen noch zu überleben. Daran ist viel Wahres! Selbst den Fachmann überrascht es immer wieder, wie schnell Wunden bei Katzen heilen, und wie gelassen auch verwöhnte Miezen schlimme Verletzungen ertragen. Das gilt aber nicht für jeden Fall. Die prinzipiell gute Heilungstendenz von Wunden kommt nur zum Tragen, wenn:

- Wundsekret abfließen kann und
- Belecken möglich ist.

Dabei rede ich nicht von Verletzungen lebenswichtiger Organe, die haben ihre eigenen Gesetzmäßigkeiten.

Jede häusliche Wundversorgung muß darauf abzielen, daß die Verletzung nicht zu schnell verklebt, sich immer bildendes Sekret ungehindert abfließen kann und kein Stau entsteht.

Meine Erwartungen in Ihre instrumentelle Ausstattung zur Wundversorgung sind nicht anspruchsvoll. In modernen Haushalten finden sich zwar Fernsehgeräte, Wäschetrockner und etliche Taschenrechner. Was Sie aber bestimmt nicht besitzen: eine *mittelgroße, scharfe, gebogene Schere!* Deren Anschaffung empfehle ich dringend. Damit werden in der Umgebung jeder Wunde die Haare großzügig abgeschnitten. Erst jetzt gewinnen Sie einen Überblick. Außerdem wird ein Verkleben der Haare mit Blut und Sekret verhindert. Diese mühsame Arbeit können Sie besser als jeder Fachmann erledigen.

Die Versorgung der Wunde mit *Wundpuder* ist nur dann sinnvoll, wenn sie nicht beleckt werden kann. Anderenfalls landet das Präparat sogleich im Magen und verursacht dort mindestens eine Verstimmung, wenn nicht Vergiftung. Zu bevorzugen sind Puder, die sich im Wundsekret auflösen. Da kann der Tierarzt oder Apotheker Sie beraten.

Bei ausgedehnten Verletzungen muß der Tierarzt helfen. Er wird vielleicht ein paar Nähte setzen, Wundränder begradigen, möglicherweise Wunden vergrößern, damit besserer Abfluß geschaffen wird.

Vermissen Sie Hinweise zur Blutstillung? Die Gefahren der Blutung werden meist überschätzt. Im Regelfall kommt die Katze erst zu Ihnen, wenn die Blutung bereits steht. Kleine Verletzungen lassen Sie ruhig bluten; blutstillende Watte wäre fehl am Platze. Bedenklich erscheinende Blutungen – die Beurteilung ist übrigens schwierig – gehören in die Hand des Tierarztes. Mit Abbinden und Druckverbänden schafft man meist mehr Schaden als Nutzen.

Bei der Wundbehandlung gibt es eine generelle Regel: Tritt nach wenigen Heilungstagen eine auffallende Verschlechterung des Allgemeinbefindens mit Fieber auf, so muß das Tier sofort zum Tierarzt. Fast immer kam es dann zu einem *Sekretstau*, der unbedingt fachmännisch behoben werden muß.

Biß- und Kratzwunden

Kater gehen recht rauh miteinander um. Über die dabei entstehenden Wunden im Kopfbereich wurde bereits gesprochen. Der ermattete Kämpfer nimmt das Abschneiden der Haare und die Versorgung mit Puder an den Stellen, an denen er sich nicht lecken kann, meist geduldig und brav hin.

Viel gefährlicher sind *Hundebisse*. Üblicherweise fürchte ich bei einem Gefecht mehr für den Hund. Trainierte Katzenjäger haben aber eine tödliche Technik. Ungeachtet etlicher Schrammen packen sie die Katze am Körper und schleudern sie umher. Dabei bricht die Wirbelsäule, und das Tier ist verloren. Es gelingt ihm nur selten zu entkommen.

Hatte die Katze aber Glück, so werden Sie vielleicht nur unbedeutende Wunden von den Reißzähnen des Hundes entdecken. Durch das Schütteln ist aber ein Großteil der Haut in Mitleidenschaft gezogen! Bakterien dringen durch die Bißlöcher ein, und nach zwei bis drei Tagen wird die Katze schwer krank. Das muß sehr ernst genommen werden, und häusliche Pflege reicht nicht aus. Der Tierarzt wird die tückischen Wunden sondieren, Gegenöffnungen anlegen und tagelang Antibiotika verordnen.

Autounfall

Nur selten werden Sie einen Unfall Ihrer eigenen Katze beobachten können. Es geht also um die Versorgung fremder Tiere, wenn man zufällig in der Nähe ist. Ein schreckliches Erlebnis!

Vorsicht beim Anfahren! Katzen liegen gerne auf oder unter dem wärmenden Auto, manchmal sogar auf den Reifen

Wenn das Auto die Katze berührt und weggeschleudert hat, werden die Verletzungen immer schwer sein. Trotzdem versucht das verstörte Tier zu flüchten, auch auf drei Beinen und mit furchtbar schmerzenden und blutenden Wunden.

In jedem Falle muß der Patient *sofort zum Tierarzt*. Das ist leicht gesagt, aber schwer getan. Haben Sie ein Auto dabei und kennen Sie einen Tierarzt in der Nähe, so erfolgt der Transport nach dem vorsichtigen Einfangen im *Kofferraum*. Das ist kein idealer Platz, denken Sie aber bitte auch an sich! Die Verschmutzung des Innenraumes mag einen Tierfreund zwar nicht stören, aber eine unbeaufsichtigte, völlig verschreckte Katze kann den Fahrer irritieren und so einen Unfall herbeiführen.

Trauen Sie sich einen langwierigen Transport nicht zu oder kennen Sie keinen Tierarzt, dann steuern Sie die *Polizei* an. Dort kennt man Tierärzte und sorgt für den Weitertransport. Wurde die Katze eingefan-

gen und besteht keine Transportmöglichkeit, so benachrichtigen Sie ebenfalls die Polizei.

Noch eine dringende Warnung aus leidvoller Erfahrung: Bei schwerverletzten Katzen kommt es zum völlig verständlichen Wunsch, das Tier eigenhändig schnell von seinen Leiden zu erlösen. Das ist schrecklich und schwierig, denn Katzen sind nun einmal zäh. Um grauenvolle Szenen zu vermeiden, nehmen Sie davon Abstand. Wir wissen heute ohnehin, daß tödlich verletzte Geschöpfe keine Schmerzen mehr empfinden. Der Körper schüttet gnädig *schmerzstillende Stoffe (Endorphine)* aus.

Schußverletzungen

Die ungeheure Zähigkeit der Katze führt dazu, daß sich auch durch einen Schuß schwerverletzte Tiere noch nach Hause schleppen können. Die vielen Möglichkeiten gestatten es nicht, allgemein gültige Regeln zu geben. Nur eine: *Das Tier muß sofort zum Arzt!*

Schußverletzungen durch Kleinkaliber- oder Luftgewehre sind nicht leicht festzustellen. Jäger verwenden solch ungeeignete Waffen nicht. Der Einschuß ist kaum zu entdecken, häufig bleiben die Kugeln ja im Körper stecken. Der Verdacht auf Schußverletzungen ist immer gegeben, wenn eine kleine Wunde im Mißverhältnis zur Schwere der Allgemeinerscheinungen steht. Nicht selten sind auch Verletzungen durch versprengte Schrotkugeln. Erst nach einigen Tagen, wenn sich die Wunden entzünden, fallen kleine Pickelchen oder Furunkel auf.

Die Röntgenaufnahme bringt in jedem Fall Aufschluß. Für den Tierarzt ist die Entfernung der Kugel oder der Schrotkörner eine meist schwierige Aufgabe. Günstiger sind glatte Durchschüsse, die bei entsprechender Versorgung gut heilen, wenn keine lebenswichtigen Organe verletzt wurden.

Tumoren und andere Schwellungen

Geschwülste der verschiedensten Art sind bei Katzen wesentlich seltener als bei Hunden. Das ist sehr erfreulich. Wenn aber Tumoren beobachtet werden, sind sie in einem hohen Prozentsatz bösartig. Daher sollte ein gepflegtes Tier regelmäßig auf das Vorkommen von Knoten untersucht werden. Damit sich die Katze das gefallen läßt, sollten Sie die Prozedur mit Spielen und Schmusen verbinden.

Geschwülste

Geschwulstartige Veränderungen können Sie nur feststellen, wenn diese an sichtbaren oder tastbaren Stellen auftreten. Das ist in erster Linie in oder unter der Haut. Beim streichelnden Betasten achte man auf jede Unregelmäßigkeit. Knotenförmige Verdickungen erfordern besondere Aufmerksamkeit. Bei weiblichen Katzen

wird gelegentlich die Milchdrüse befallen. Im Gegensatz zu Hündinnen kommen Geschwülste mehr in dem vorderen, brustseitigen Teil vor. Relativ früh zerfällt die Oberhaut geschwürig, so daß man an eine schlecht heilende Wunde denken kann. Nur den *Milchdrüsentumoren* kann recht sicher vorgebeugt werden: Kastrierte Katzen bekommen kaum Gesäugetumoren. Bei weißen Katzen beobachtet man gelegentlich Veränderungen an den Ohrspitzen. Sie sehen wie knollig verkrustete Wunden aus und sind meist bösartig. Ein Tumorbefall innerer Organe wird dem Besitzer nicht auffallen. Der vage Verdacht ist gegeben, wenn die Katze ohne erkennbaren Grund abmagert. Auch für einen Tierarzt ist es noch schwer genug, den Knoten zu entdecken.

Die einzige Behandlung aller Tumorformen besteht in der operativen Entfernung. Die ist um so leichter und erfolgversprechender, je eher sie durchgeführt wird.

Beobachten Sie daher jede merkwürdige Erscheinung an Haut oder Unterhaut daraufhin, ob sie sich vergrößert. Ist das der Fall, so muß der Tierarzt weiterhelfen. Sie können ihm durch präzise Hinweise auf das Wachstum der Veränderung eine gute Hilfe sein. Aufgrund der relativen Seltenheit von Geschwülsten ist eine übertriebene Sorge aber nicht angebracht.

Eingeweidebrüche

Bei zugelaufenen Katzen oder eigenen Tieren nach einem Unfall beobachtet man gelegentlich schmerzlose Vorwölbungen im Bauchbereich. Mit etwas Sorgfalt lassen sie sich in die Bauchhöhle zurückdrükken, quellen aber schnell wieder hervor. Es handelt sich um *Eingeweidebrüche (Hernien),* die angeboren sein können *(Nabelbruch),* meist aber als Verletzungsfolge nach einem Unfall entstehen. Dabei riß die Bauchwand, die äußere Haut blieb aber intakt. Dadurch konnten Eingeweide zwischen Bauchwand und Haut rutschen. Charakteristisch ist die weiche, schmerzlose Schwellung ohne vermehrte Wärme. Geschickte Finger tasten den Riß in der straffen Bauchwand, die sogenannte *Bruchpforte.*

Die Behandlung ist rein operativ. Bruchbänder würden bei der Katze ja nicht halten. Der Tierarzt bringt die vorgefallenen Eingeweideteile in die Bauchhöhle zurück und vernäht die Bruchpforte. Das sollte bald geschehen, denn ein Bruch ist kein Schönheitsfehler, sondern eine ständige Gefahr. Darmteile können sich jederzeit einklemmen, und dann besteht akute Lebensgefahr durch Darmverschluß. Eine alte Medizinerregel sagt: »Über einem eingeklemmten Bruch darf die Sonne nicht (ohne Operation) untergehen.«

Furunkel und Abszeß

Schon manche Katze wurde mit der Diagnose »Krebs« zum Tierarzt gebracht. Der lächelte, öffnete den Knoten mit schnellem Schnitt, und Eiter quoll hervor. Es war also glücklicherweise nur ein Furunkel oder Abszeß. Ein Furunkel geht von einem Haarbalg aus, während der eitergefüllte Abszeß sich überall im Körper bilden kann.

Generell gilt, daß Tumorknoten schmerzlos und kühl sind, während Eiteransammlungen schmerzen und sich warm anfühlen. Bei Katzen ist aber alles komplizierter! Auch ein Tumor kann relativ früh geschwürig zerfallen und dann mit einer Entzündung verwechselt werden.

Mit der Unterscheidung will ich Sie nicht plagen. Dringend rate ich davon ab, etwa im Hause in einen verdächtigen Knoten hineinzuschneiden, nach dem Motto: kommt Eiter, handelt es sich um einen Furunkel oder Abszeß.

Gelegentlich sieht man Katzen mit mehreren, bis zu *kirschgroßen Hautknoten.* Das kann das Andenken an einen Schrotschuß sein. Falls sie draußen herumlief, machen Sie den Tierarzt auf Ihren Verdacht aufmerksam.

Grützbeutel

Es kommt vor, daß man bei Katzen unter der Haut Knoten tastet, die sich weich, wie mit Flüssigkeit gefüllt, anfühlen. Diese werden, langsam wachsend, recht groß – bis etwa zum Ausmaß einer Tomate. Sie fühlen sich kühl, nicht entzündlich an und sind schmerzlos.

Beim Aufschneiden durch den Tierarzt quillt eine breiige Masse hervor. Danach hat das Gebilde auch seinen Namen: Grützbeutel. Mit dem Aufschneiden ist es allerdings nicht getan, denn der Beutel füllt sich schnell wieder. In einer sorgfältigen Operation muß der Grützbeutel komplett, mit Kapsel, herausgeschält werden. Dann tritt Heilung ein; die Erkrankung ist eindeutig gutartig.

Gewichtszunahme

Die Katze stellt man sich als schlankes Geschöpf vor. Gewiß, langhaarige Rassen wirken kuschelig rund. Unter dem duftigen Fell sollen sich aber drahtige Muskeln verbergen, kein schwabbelig-schlaffes Gewebe.

Wenn eine Katze schnell oder allmählich außer Form kommt, verdient das Beachtung. Handelt es sich um die Folgen eines groben Haltungsfehlers oder liegt gar eine ernste Erkrankung vor? Es gibt die verschiedensten Möglichkeiten: Fettsucht, Trächtigkeit, Bauchwassersucht oder Pyometra. Meistens kann man die Ursache selbst herausfinden.

Fettsucht

Der wissenschaftliche Ausdruck *Adipositas* klingt etwas vornehmer. Auch damit läßt sich aber nicht verbergen: Dieses Wohlstandsleiden wird bei Katzen immer häufiger, und das ist schlimm. Nicht nur, weil diese graziösen Geschöpfe bei Verfettung plump und ungeschickt aussehen. Das wäre letztlich eine Frage der Ästhetik. Nein, ganz eindeutig leidet ihre Gesundheit darunter. Von der Begünstigung zahlreicher Stoffwechselerkrankungen gar nicht zu reden, wird der Bewegungsapparat bei Übergewicht zu stark beansprucht.

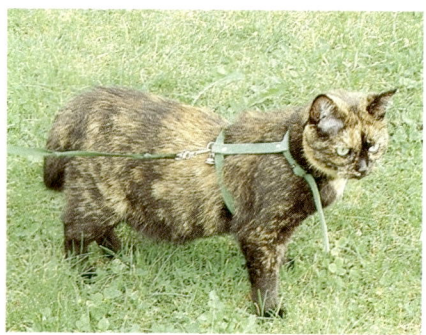

So dick sollte man die Katze auf keinen Fall werden lassen

Fettsüchtige Katzen sind also kein Ruhmesblatt für ihren Besitzer!

Von Natur aus neigt die einzelgängerische Katze viel weniger als das Gruppentier Hund dazu, sich beim Futtern übermäßig vollzustopfen. Sie speist langsam und gesittet. Das kann sich bei Konkurrenz durch eine andere Katze oder einen frechen Hund ändern. Dann schlingt sie vielleicht große Futtermengen in sich hinein. Auch Langeweile und ständiges Futterangebot lassen sie die gute Veranlagung vergessen. Kummer verursacht bei Katzen normalerweise Appetitmangel, das Gegenteil kommt jedoch ebenfalls vor. Unangebrachte Verwöhnung mit nicht artgemäßem Futter, wie Süßigkeiten, baut ein ungesundes Fettpolster auf.

Es ist nicht immer leicht, die Verfettung sicher festzustellen. Das Fell verwischt viele Konturen. Der Kenner packt eine Hautfalte und spürt das weiche Unterhautfettgewebe zwischen seinen Fingern. Schon beim Aufheben der Katze merkt man den Unterschied zwischen dem straffen Körper der Jägerin – auch bei Langhaarkatzen – und schlaffem Fettpolster. Genaueren Aufschluß gibt die Waage. Das Gewicht der normal ernährten Katze sollte nur geringfügig schwanken. Ständige Zunahmen bei ausgewachsenen Tieren mit ungestörtem Allgemeinbefinden sprechen sehr für Fettsucht. Ein generelles Normalgewicht läßt sich leider nicht angeben, da die Körpergröße zu unterschiedlich ist.

Bitte lassen Sie die Finger von appetithemmenden Arzneien! Bisher gibt es noch nichts Wirksames und Unschädliches für Katzen. Die segensreiche Gewichtsreduzierung läßt sich nur durch schlichte *Futterverringerung* erzielen. Gehen Sie auf die Hälfte bis ein Drittel der sonst üblichen Menge zurück. Bewegung hilft zwar mit, Sie können eine träge Mieze aber nicht mit Gewalt in ein Laufrad stecken. Spaziergänge an der Leine nützen Katze und Besitzer, sie bringen aber keine meßbare Gewichtsabnahme. Der erste Schritt zur schlanken Linie: Es füttert nur *eine* Person. Leckerbissen sind verboten. Viele Menschen glauben fälschlicherweise, daß man Tiere nur mit Futter verwöhnen kann. Dabei ist intensive Zuwendung wesentlich wichtiger.

Die Nahrung soll *ballaststoffreich* und *energiearm* sein. Dafür gibt es auch Spezialdiäten. Sie werden meist nur zögernd aufgenommen, was ja die Kur nur unterstützt. Klares Trinkwasser muß ständig zur Verfügung stehen. Milch ist kein Getränk, sondern ein hochwertiges Nahrungsmittel und sollte daher während der Kur nicht gegeben werden.

Bitte wiegen Sie die Katze einmal in der Woche. Nimmt sie ab? Falls nicht, füttert jemand heimlich zu. Freilaufende Katzen werden nicht fett. Soviel Mäuse gibt es in keinem Revier. Gut gefütterte Tiere erbeuten übrigens mehr Mäuse als hungrige. Der knurrende Magen verführt zur jagdschädlichen Ungeduld.

Rigorose Katzenbesitzer könnten auf die Idee kommen, dem Fettröllchen eine *Nulldiät* zu verordnen, also überhaupt kein Futter mehr zu geben. Davon muß man abraten! Zwar werden schnelle Erfolge erzielt. Nach Ende der Kur kann es aber zur hartnäckigen Futterverweigerung kommen. Katzen sind eben sehr sensibel und nehmen leicht übel!

Trächtigkeit

Bei unkastrierten weiblichen Katzen denkt man zunächst an Trächtigkeit, wenn sich das Bäuchlein rundet. Dem genauen Beobachter fällt noch auf, daß die Katze im ganzen schmal bleibt, nur eben einen dicken Bauch bekommt. Die Trächtigkeit bemerkt man außerdem am ruhigeren Wesen, die Tiere werden anhänglicher. Geschickte Hände tasten im Leib die Kugeln der Kätzchen in ihren Eihäuten. Falls kein Nachwuchs gewünscht wird, ist nun der allerletzte Termin zur Kastration gekommen. Dabei wird mit den Eierstöcken die gefüllte Gebärmutter total entfernt. Das dehnt den Umfang der Operation aus. Der Tierarzt ist bei Katzen aber immer auf diese Komplikation eingestellt und hat dementsprechend auch die nötige Routine.

Bauchwassersucht

Ältere Katzen bekommen zuweilen einen enormen Leibesumfang. Auf einem Stuhl oder Hocker sitzend, »fließen« sie förmlich darüber hin. Fälschlich denkt man an Fettsucht. In diesem Falle ist der Rumpf aber eher mager, nur der Bauchumfang dehnt sich erschreckend aus. Beim Gegendrücken mit beiden Händen fühlt man, wie drinnen Flüssigkeit schwappt. Das ist dann ein Fall der seltenen *Bauchwassersucht (Aszites)*. Sie wird durch einen chronischen Krankheitszustand, meist der Leber, verursacht und ist sehr ernst zu nehmen. Zwar fällt der Bauch zusammen, wenn der Tierarzt die Flüssigkeit abläßt. Das ist aber eine Scheinheilung von kurzer Dauer. Abhilfe bringt nur die intensive Behandlung des Grundleidens. Viel Hoffnung kann ich Ihnen nicht machen.

Dann kommt noch eine spezielle Krankheit vor, die im typischen Fall auch eine deutliche Füllung des Bauchraumes mit Flüssigkeit erzeugt. Der Erguß kann allerdings auch in die Brusthöhle erfolgen. Es handelt sich um die *infektiöse Peritonitis (ansteckende Bauchfellentzündung)*. Dabei hat die Katze beim meist chronischen Verlauf wechselhaft Fieber. Der Appetit läßt nach, und sie magert ab – nur der Bauch ist gefüllt. Eine gezielte Behandlung gibt es nicht, Heilungen wurden bisher noch nicht beobachtet.

Pyometra

Wesentlich seltener als die Hündin bekommt eine Katze die gefürchtete *chronische Gebärmutterentzündung (Pyometra)*. Der eitrige Inhalt der Gebärmutter fließt in einigen Fällen durch die Scheide nach außen ab. Er wird abgeleckt, was aufmerksamen Besitzern auffällt. Gelegentlich erbricht das Tier, auffallend ist der ständige Durst. Dabei magert die Katze ab, bis jedem auffällt, wie schwer krank sie ist. Bei geschlossenem Gebärmutterausgang staut sich der Eiter in der Gebärmutter. Nur dann nimmt der Bauchumfang zu. Das gestörte Allgemeinbefinden sollte Grund genug sein, schnell den Tierarzt aufzusuchen. Die Behandlung besteht in der totalen Entfernung der veränderten Gebärmutter mit Eierstöcken. Es bestehen große Chancen auf vollständige Heilung. Darüber hinaus blühen die Tiere nach der Operation regelrecht auf. Wichtig ist, daß der Eingriff *rechtzeitig* erfolgt. Je schlechter das Allgemeinbefinden schon ist, desto mehr sinken die Chancen. Daher rechtfertigt schon der Verdachtsfall den Gang zum Tierarzt.

Neurosen

Es darf eigentlich nicht verwundern, daß ein Tier mit so feingestricktem Nervenkostüm wie die Katze gelegentlich echte Neurosen bekommt. Derartige Verhaltensstörungen müssen sehr ernst genommen werden. Sie machen das Zusammenleben mit diesem graziösen Haustier so problematisch, daß schon manche Katze deswegen abgeschafft wurde.
Oft liegen die Ursachen für diese Neurosen in der unmittelbaren Umgebung der Katze. Sie protestieren mit ihrem merkwürdigen Verhalten gegen Lebensverhältnisse, die ihr schier unerträglich scheinen.
Die wichtigsten Störungen werden hier aufgezählt und Hinweise zur Behandlung gegeben. Der eigentliche Experte für Ihre Katze sind jedoch Sie, und so müssen Sie auch die Hauptarbeit leisten.

Ängstlichkeit

Eine gewisse Vorsicht ist jeder Katze angeboren. Es ist aber nicht mehr normal, wenn das Tier voller Angst vor jedem Menschen flieht, sich verkriecht und nur mutterseelenallein an das Futter geht. So stellte man sich das Zusammenleben ja nicht vor. Was kann die Ursache sein? Haben Sie einen Fremdling aufgenommen, so hat er wohl schlechte Erfahrungen mit Menschen gemacht. Sehr langsam und vorsichtig muß Vertrauen aufgebaut werden. Dazu gehört einfühlsame Geduld.
Häufig hat der Tierhalter selber seine Katze verstört. Entgegen jeder kätzischen Etikette wurde sie gekonnt ergriffen und gestreichelt. Statt Vertrauen baute man so eine starke Abneigung gegen den menschlichen Tölpel auf.

Manche Katzenfreunde neigen auch zu einer etwas autoritären Fürsorge. Die Katze wird mit Zwang gefüttert, gestriegelt, bekommt ein Thermometer eingebohrt und ähnliches. Alles in bester Absicht – derartig behandelte Tiere fliehen aber meist entsetzt, wenn wieder eine sogenannte gute Tat auf sie zukommt.

Futterverweigerung

Man sollte es nicht glauben, aber Katzen können seelisch so leiden, daß sie nicht mehr fressen. Dies geht so weit, bis eine echte Gefahrensituation entsteht. Das ist besonders peinlich, wenn Sie die Katze einer Bekannten pflegen. Heimweh löst nämlich sehr häufig eine Futterverweigerung aus. Pfleger in Tierheimen können ein Lied davon singen.
Zunächst räumen Sie den vollen Futternapf restlos aus. Der trauernden Katze werden nur noch Miniportionen des Lieblingsfutters angeboten. Probieren Sie es zusätzlich mit Traubenzucker im Trinkwasser oder in der Milch. Kein Erfolg? Von einer Zwangsfütterung rate ich ab, denn damit würde das betrübte Tier noch mehr verschreckt. Abhilfe bringt die *Appetitspritze* des Tierarztes. Zu diesem Zwecke transportieren Sie die Katze zur Praxis und gehen *nicht* mit in den Behandlungsraum. So treten Sie später als Tröster auf und werden mit dem kleinen Piekser nicht in Verbindung gebracht. Damit ist das Eis dann meist gebrochen, und der Patient nimmt wieder Futter auf. Kleine Portionen sind wichtig, denn jede Mahlzeit soll spannungsvoll erwartet werden.

Protestharnen und Unsauberkeit

Merkwürdig! Die Katze war völlig stubenrein. Auf einmal setzt sie Bächlein und Häufchen in der ganzen Wohnung ab, zuweilen unmittelbar neben die Katzentoilette. Die Möbel werden mit Urin besprizt, obwohl die Katze längst kastriert ist.
Zunächst stellen Sie bitte sicher, daß es sich nicht etwa um eine *Blasenentzündung, Harnsteine* oder eine andere körperliche Krankheit handelt. Im Zweifelsfall würde ich die Katze vom Tierarzt gründlich untersuchen lassen. Alles gesund? Dann liegt eine Störung der seelischen Großwetterlage vor. Die Katze gibt Ihnen mit diesem ungehörigen Benehmen ganz klar zu verstehen: »Mir mißfällt hier plötzlich etwas ungemein!«
Ja, was ist das wohl? Ich kann nur Denkanstöße geben, Sie müssen es herausfinden. Eine neue Person im Haushalt (Baby, Gast), neue Möbel, Beschränkung des Auslaufes, gar ein tolpatschiger Hund im Haus, Veränderung des Schlafplatzes? Sie glauben die Ursache zu kennen? Dann gehe ich davon aus, daß sie nicht abzustellen ist, sonst wäre es einfach.
Probieren Sie erst die *weiche Methode*. Ihre List und Geduld werden gegen die der Katze gesetzt. Bitte fragen Sie mich nicht, wem ich die größeren Chancen gebe! Das ungehörige Verhalten wird einfach nicht beachtet, das Unglück wortlos weggeputzt. Auf den wieder sauberen Ort der Tat kommt ein Tröpfchen Kölnisch Wasser, das dem Tier eklig ist. Füttern Sie knapp, und beschäftigen Sie sich liebevoll mit der meist maulenden Katze. Ein solches Ver-

halten verwirrt ungezogene Menschen und Tiere. Es besteht Hoffnung auf Normalisierung, denn Unsauberkeit liegt Katzen eigentlich nicht.

Es klappt nicht? Dann kommt die *medikamentöse Verhaltenskrücke.* Sie erwarten von mir hoffentlich keine wilden Methoden mit Pantoffelwürfen und Eintunken in den eigenen Unrat. Das ist bei Katzen sinnlos und verhärtet nur die Fronten. *Beruhigungsmittel* haben eine zu kurze Wirkung. Allenfalls könnte man sie tagelang in sehr geringer Dosis mit dem Futter geben. Ich rate zu einer *Hormonbehandlung.* Man nimmt die gleichen Präparate, die auch zur Rolligkeitsverhinderung eingesetzt werden. Erstaunlicherweise machen sie die Tiere »brav«. Der Tierarzt kann Sie beraten.

Falls es noch nicht geschehen ist, sollten Sie die Katze jetzt kastrieren lassen. Oft wird dadurch das Problem beseitigt.

Aggressivität

Liebevolle Stubenkatzen werden plötzlich wild. Zunächst spielerisch, dann immer ärger, fahren die kleinen Jäger auf Füße und Beine los. Erst krallen sie sich fest und beißen dann herzhaft zu. Eine mir bekannte Katze namens »Soraya« tyrannisierte auf diese Weise das Krankenhaus einer Kleinstadt. Zur Freude der Patienten, die, ebenso wie die Putzfrauen, verschont wurden, biß sie Schwestern und Ärzte. Als Grund für eine solche Aggressivität wird *aufgestautes Beutefangverhalten* angenommen. Das langweilige Futter, immer zur selben Zeit, im selben Napf –

Belauern und Spielen – ein herrliches Katzenvergnügen!

und das bei einem leidenschaftlichen Jäger! Abhilfe schafft ein *Spielzeug.* Stoffmäuse oder Bälle sind gut. Besser und dauerhafter bewährt sich eine Mäusehöhle mit Kunststoffmaus am sich aufrollenden Band. Die gibt es im Zoohandel. Herrlich ist es, die Maus herauszuangeln, herrlich auch das lange Lauern vor dem Loch. Wer das albern findet, sollte seine Katze über menschliche Fernsehgewohnheiten befragen! Erst wenn das alles nichts nützt, rate ich auch hier zur disziplinierenden *Hormonkur.*

Krämpfe

Aus scheinbarem Wohlbefinden heraus fällt die Katze urplötzlich in eine gewisse Starre und bekommt dann Krämpfe. Von unkontrollierten Augenbewegungen können die Erscheinungen bis zu schwersten Krämpfen reichen, bei denen sich das ganze Tier windet.

Tollwut, Vergiftung? Das ist theoretisch möglich, die Unterscheidung muß ein Tierarzt treffen. Schildern Sie den Anfall bitte sehr genau. Man überschätzt leicht die Dauer, daher auf die Uhr schauen.

In erster Linie denke ich bei einem solchen Ereignis an die *Epilepsie,* die bei Katzen allerdings selten vorkommt. Viel seltener als bei Hunden. Säugende Katzen bekommen gelegentlich Krämpfe, die mit der Milchproduktion zusammenhängen.

Wie auch immer, im Hause kann man beim Anfall nur für Ruhe und gedämpftes Licht sorgen. Die – übrigens recht erfolgversprechende – Behandlung ist Sache des Tierarztes.

Vergiftungen

Sehr oft wird bei Katzen der Verdacht auf eine Vergiftung geäußert, *sehr selten* bestätigt sich die Vermutung auf eine gewollte, und noch seltener kann eine böswillige Vergiftung bewiesen werden.

Viele Erkrankungen beginnen so plötzlich und mit so dramatischen Krankheitserscheinungen, daß man an Gift denken muß. Dabei sind es »nur« schlimme Virusinfektionen. Schon manche Katze wurde durch die Eingabe obskurer Gegengifte unnötig gequält, statt daß man die Grundkrankheit zielstrebig behandelt hätte. Generell gilt: *Jedes schwere Krankheitsbild – ob nun Vergiftung oder nicht – gehört in tierärztliche Behandlung!*

Grundsätzlich ist eine Vergiftung oft sehr schwer zu erkennen. Der Vorfall des 3. Augenlides kann darauf hindeuten, ist allerdings kein eindeutiges Anzeichen. Es gibt *kein* Gegengift, das gegen eine Mehrzahl der vorkommenden Gifte halbwegs zuverlässig wirken würde. Die Eingabe von Kohle ist gut gemeint, stellt durch die Gefahr der Eingußlungenentzündung aber ein zusätzliches Risiko dar.

Wer der strapazierten Katze gar Salzwasser als Brechmittel einflößt, begeht eindeutig Tierquälerei.

Die wählerische Art der Katze bewahrt sie recht zuverlässig vor der Aufnahme von Gift. Natürlich könnte sie mal an ein vergiftetes Mäuschen geraten. Auch der ungewollte Körperkontakt mit Pflanzenschutzmitteln ist möglich. Beim Putzen nimmt sie das unheilvolle Zeug dann auf. Häufiger kommen Vergiftungen durch *ungeeignete Arneimittel* vor. Ich warne immer wieder davor, Katzen irgendwelche Präparate zu verabreichen, die nicht *ausdrücklich* für sie empfohlen wurden. Besonders gefährlich sind hier für Hunde gedachte Ungezieferpräparate.

Der sichere Instinkt der Katzen warnt sie in der freien Natur vor giftigen Pflanzen. Stubenkätzchen hingegen nagen schon eher an diesem und jenem. Es empfiehlt sich daher, ihnen spezielles Katzengras, ausgekeimte Gerste oder einen Topf Schnittlauch hinzustellen. Zu den für Katzen gefährlichen Zimmerpflanzen gehören u. a. folgende: Dieffenbachia, Weihnachts-

stern, Efeu, Stechpalme, Mistel, Tulpen, Osterglocken, Maiglöckchen, Anthurium, Fensterblatt, Alpenveilchen, Begonien.

Nur der Ordnung halber erinnere ich an eine Selbstverständlichkeit: Gestehen Sie dem Tierarzt alles ein, was Sie oder die Familienangehörigen der Katze eingegeben oder womit Sie sie eingerieben haben. Das gibt ihm wichtige Hinweise für die spezifische Behandlung.

Oft wird der Verdacht geäußert, der böse Nachbar habe die Katze vergiftet. Ich rate zu größter Vorsicht! Es ist sehr schwer, ja fast unmöglich, einen juristisch sauberen Vergiftungsbeweis zu führen. Wenn der nicht gelingt, bekommen Sie neben dem toten oder kranken Tier auch noch den Ärger und die Kosten einer eventuellen Verleumdungsklage.

Die Untersuchung des Mageninhaltes der angeblich vergifteten Katze ist nur dann anzuraten, wenn Sie oder der Tierarzt den Verdacht auf ein bestimmtes Gift haben. Auch das kann einige hundert Mark kosten. Eine breitgefächerte Giftanalyse ist finanziell aber kaum durchzustehen. Also *vorher* die Kosten erfragen.

Übrigens käme ich als Fachmann in große Verlegenheit, wenn ich eine draußen herumstreifende Katze vergiften sollte. Was gibt es schon für Probleme, die mißtrauische Mieze zur Aufnahme eines neutral schmeckenden Arzneimittels zu bewegen! Wie schwer wäre das erst bei Gift.

Unangenehmer Geruch

Katzen sind saubere, appetitliche Geschöpfe. Auch ohne menschliches Zutun wirkt ein gesundes Tier gepflegt und riecht angenehm. Um so störender fällt es auf, wenn die Mieze bei engem menschlichem Kontakt einen abstoßenden Geruch verbreitet.

Dem müssen Sie nachgehen! Einerseits, um den häuslichen Frieden zu wahren, andererseits im Interesse der Katze, denn völlig gesund kann das übel riechende Tier kaum sein. Zur Einkreisung der Geruchsquelle wähle ich eine Einteilung, die primitiv erscheint. Sie gibt aber wichtige Hinweise und kann im Bedarfsfall durch eine gründliche Untersuchung des Tierarztes ergänzt werden.

Geruch vorn

Ekliger Geruch aus dem Mäulchen ist nicht selten. Zunächst würde ich auf *Zahnstein* und *Zahnschäden* tippen. Das ist ja leicht festzustellen.

Viel schlimmer sind *Geschwüre* am Zahnfleisch zu beurteilen. Das deutet auf verschleppten Katzenschnupfen hin. Vom typisch urinösen Geruch bei *Harnvergiftung* will ich gar nicht reden. Da geht es um Leben und Tod.

Deutlicher Geruch in der Ausatmungsluft? Bei gestörtem Allgemeinbefinden rate ich zum sofortigen Tierarztbesuch. Ist das Tier aber völlig munter, helfen *Chlorophylltabletten* aus der Apotheke.

Geruch hinten

Fast immer handelt es sich um *Durchfall*. Kotreste bleiben am After zurück und riechen unerträglich. Neben der wichtigen eigentlichen Durchfallbehandlung säubern Sie bitte diese Partie. Das geschieht mit Hilfe eines Läppchens und lauwarmem Seifenwasser. Haare in der Aftergegend werden großzügig abgeschnitten. Bei weiblichen Tieren kontrolliert man auch die kleine Scham. Stinkender Ausfluß deutet auf eine *Gebärmuttererkrankung* hin. Die gehört in jedem Falle in tierärztliche Behandlung, auch wenn die Katze noch völlig munter wirkt. Achtung: Die Gebärmutterentzündung kann auch *zusammen* mit Durchfall auftreten.

Geruch überall

Füttern Sie Ihre Katze mit älteren Fisch- oder Fleischabfällen? Dagegen will ich nichts sagen. Nur über den Geruch darf man sich dann nicht wundern. Der geht »durch die Haut«. Da hilft kein Putzen, und Schaumbäder wären eine unangebrachte Belästigung des unschuldigen Tieres.

Sie geben Fertigfutter, trotzdem riecht sie nach Fisch? Na, dann überprüfen Sie einmal diskret ihre Streifzüge. Vor einem dezent angewelkten Fischschwanz in der Mülltonne verblaßt für manche brave Katze manchmal alles Aroma der gewohnten Leckerspeise.

Fast traue ich mich nicht zu fragen: Wie sieht es mit der Katzentoilette aus? Es braucht nicht einer der – wirklich guten – Luxusabtritte aus der Zoohandlung zu sein. Sparen Sie aber nicht an geruchsbindender Streu. Die Katze kann kaum besser duften als ihre Toilette.

Das vorn, hinten und in der Mitte putzmuntere Tier riecht Ihnen einfach zu »tierisch«? Bitte quälen Sie es nicht gedankenlos und unnütz mit Deosprays oder gar Parfüm! Auch das Bad macht nur viele Umstände und verschreckt jede Katze. Abhilfe bringen *Chlorophylltabletten*. Die werden meist problemlos aufgenommen und tilgen strengen Körpergeruch. Naturfreunde versprechen sich den gleichen Effekt vom Katzengras, das es für Stubenkatzen in präparierten Töpfen gibt. Dessen diätetische Wirkung ist unbestritten, ob es bei einer starken Geruchsbelästigung nützt, wage ich zu bezweifeln.

Die periodische Leidenschaft

Katze oder Kater?

Es gehört zum Selbstverständnis einer rechten Katze, daß sie sich ihren künftigen Besitzer mit passendem Heim aussucht und nicht umgekehrt. Der Schein mag allerdings manchmal trügen. Sie haben vielleicht irgendwo ein durchnäßtes, frierendes Fellknäuel aufgelesen. Dank sorgfältiger Pflege wurde daraus eine schöne Katze, die gern bei Ihnen blieb. Also trafen Sie die Auswahl? Da zögere ich, drücken wir es einmal taktvoll so aus: Kompliment! Sie haben sich in diesem Fall der Situation gewachsen gezeigt. Das Kätzchen sah Ihren guten Willen, fand das Heim passabel und akzeptierte Sie nach einiger Erziehungsarbeit. Hätte es mit Ihnen nicht geklappt, so wäre sie nach ruhiger Überlegung wieder auf Wanderschaft gegangen,

um ein geeigneteres Zuhause zu suchen. Der Hundebesitzer akzeptiert tolerant seinen Hund mit dessen Vorzügen und Schwächen. Die Katze hat die gleiche Einstellung ihrem sogenannten Herrn (der natürlich auch eine Dame sein kann) gegenüber. Als Katzenhalter dürfen Sie also mit Recht stolz sein, Sie haben den Katzentest bestanden!

Rein informativ sollten Sie gelegentlich nachschauen, ob eine Katze oder ein Kater in Ihrem Haushalt lebt. Diese Geschlechtsbestimmung ist bei ausgewachsenen Katzen kein Problem: Die Hoden des Katers sind unübersehbar, von seiner kräftigeren Statur mit dem dicken Kopf ganz abgesehen. Bei Jungtieren muß man allerdings genau hinschauen. Listige Tierfreunde achteten schon auf den Harnstrahl beim Urinieren. Bei Katzen wird er nach hinten gerichtet sein, bei Katern... Das geht nicht! Auch der Penis zeigt – eine merk-

Um das Geschlecht Ihrer Katze zu bestimmen, betrachten Sie sie von hinten

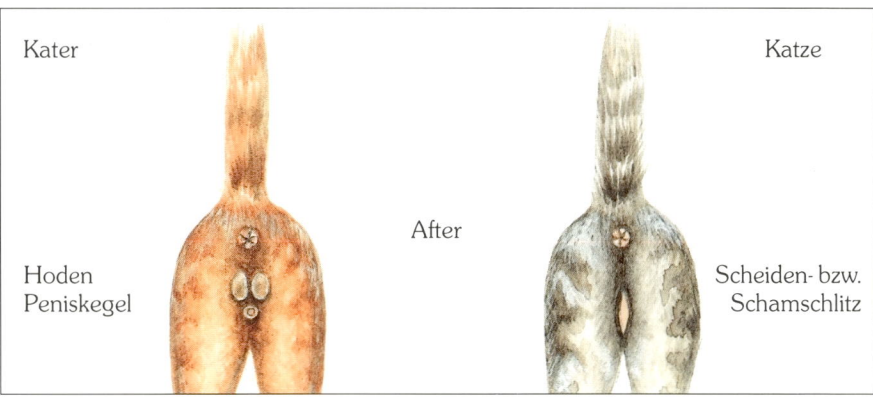

Kater

Katze

After

Hoden
Peniskegel

Scheiden- bzw.
Schamschlitz

würdige Konstruktion – nach hinten, also auch der Harnstrahl. Es hilft also nur die Punkt/Loch- oder Strich/Schlitz-Untersuchung. Nehmen Sie die Katze auf den Schoß und drehen Sie sie spielend um. Unterhalb des Schwanzansatzes liegt natürlich der After. Dicht daran – bauchwärts – ist eine Vertiefung. Spreizen Sie die Haut dort vorsichtig. Ein Strich/ Schlitz, also langgestreckt = Katze; ein Punkt/rundes Löchlein, vielleicht ist darin der rosige Kegel des Penis sichtbar=Kater. Das geht besonders gut, wenn man übungshalber zwei verschiedene Geschlechter untersuchen kann.

Nun nehmen wir an, Sie könnten aus einem Korb mit putzigen Kätzchen eines heraussuchen. Bitte nur eines; unfreiwillige Katzenzüchter geben gern noch ein zweites als Rabatt dazu. Aber welches Geschlecht wählen? Katze oder Kater? Mein Rat versucht sachlich zu sein. Auch wenn Sie es mir jetzt noch nicht glauben

werden: Früher oder später müssen Katze und Kater kastriert, beziehungsweise die Rolligkeit muß medikamentös unterdrückt werden. Das ist heutzutage kein Problem mehr. Beim Kater geht es aber einfacher und damit billiger als bei der Katze. Also ein Kostenfaktor.

Die Katze ist immer zierlicher als der Kater. Das läßt sich allerdings durch den Zeitpunkt der Kastration beim Kater steuern: Je früher sie durchgeführt wird, desto weiblich-zarter bleibt das Katerchen. Ein Kater fühlt sich mehr zu Frauen, eine Katze mehr zu Männern hingezogen. Diese altbekannte Kreuzregel trifft wohl oft zu, Sie brauchen sich aber nicht strikt daran zu halten. Es gibt viele Ausnahmen, und die Kastration verwischt Geschlechtsprofile ohnehin.

Folgen Sie daher im Zweifelsfalle ruhig Ihrem Geschmack und nehmen das süßeste Kätzchen aus dem Korb oder das borstige Knäuel, das Ihnen zugelaufen ist.

Liebesleben der Katze

Katzen sind ihrem Besitzer gegenüber sanfte und – innerhalb gewisser Grenzen – auch gehorsame Geschöpfe. Ein Tierfreund, der die oftmals poltrigen und lauten Hunde weniger schätzt, wird besondere Freude an den lautlos-eleganten Katzen haben. Sie nehmen ein Heim unaufdringlich in Besitz und stören dabei niemanden.

Machen Sie das aber mal Ihrem Nachbarn klar! Nach seiner Darstellung wurde die

ruhige Wohngegend nach dem Auftauchen Ihres stillen Kätzchens periodisch zum Tummelplatz wilder Geister. Von klagenden Gesängen aus dem Schlaf gerissen, hörte er nachts schrille Laute, durch Spucken und Zischen untermalt. Ab und an dann ein gräßlicher Aufschrei. Als er, mit Wassereimer und Spazierstock bewaffnet, zitternd in den Garten eilte, sah er nur noch glühende Augen und huschende Schatten.

Ihre Mieze dabei – nie! Wetten würde ich darauf lieber nicht. Dieses Pandämonium war nämlich das nach festen katzengesellschaftlichen Regeln ablaufende Treffen einiger rauhbeiniger Kater mit Ihrem sittsam scheinenden Kätzchen. Daran gibt es nichts zu deuteln: Katzen werden in bestimmten Abständen zu leidenschaftlichen Liebhaberinnen. Wie von Zauberhand herbeigeholt, erscheinen dann Unmengen von Katern, und etwa 63 Tage später stellt sich Nachwuchs ein.

Rolligkeit

Die sexuelle Aktivität der Katze verläuft periodisch. Bei einiger Aufmerksamkeit kündigen sich die tollen Tage durch ein besonders liebebedürftiges Verhalten an. Sie schmusen viel und wollen liebkost werden. Häufig wird mit relativ tiefer Stimmlage miaut. Beim Kraulen in der Kreuzgegend geht es ihnen besonders gut. Der Schwanz wird dann steil nach oben, im letzten Stadium auch seitwärts gereckt. Während des Kraulens trampeln (»treteln« ist der Fachausdruck) sie mit den Hinterbeinen – sofern man bei einer Katze von Trampeln reden kann. Jedem streichen sie schmeichlerisch um die Beine. Sehr charakteristisch ist auch das spielerische Herumrollen auf dem Boden. Daher kommt die übliche Bezeichnung für die Brunst oder Hitze der Katze: Rolligkeit. Sie entspricht der Läufigkeit der Hündin. Fortpflanzungsfähig wird ein Kätzchen schon im zarten Alter von sechs bis sieben Monaten – immer früher als man denkt. Das hängt aber stark von der körperlichen

Entwicklung ab. Die läßt sich durch einfaches Wiegen abschätzen. Ein Körpergewicht von 2–2,5 kg ist im Regelfall Voraussetzung für die Geschlechtsreife. Die Abstände der Rolligkeitsperioden sind von Tier zu Tier grundverschieden und variieren stark mit der Art der Haltung. Generell läßt sich sagen, daß Katzen, die überwiegend im Freien, also sehr ursprünglich leben, von Oktober bis Januar eine sexuelle Ruhepause einlegen. Reine Wohnungskatzen richten sich kaum nach der Jahreszeit. Ihr Rhythmus läuft gleichmäßig über das ganze Jahr, mit Pausen von nur zwei bis drei Wochen. Sie sehen, hier kann die Wissenschaft nicht viel helfen. Es bleibt Ihnen nichts anderes übrig, Sie müssen das sexuelle Verhalten Ihrer speziellen Katze gut beobachten, um eine sehr wackelige Voraussage machen zu können. Es tut mir leid, aber nicht einmal über die Dauer der liebevollen Rolligkeitsperiode kann ich Ihnen verwertbare Angaben machen. Sie hängt nämlich davon ab, ob sich ein strammer Kater der Katze annimmt oder nicht. Im Gegensatz zu vielen anderen Tieren und auch dem Menschen *wird der Eisprung erst durch die Begattung ausgelöst*. Da geht es dann innerhalb einer kurzen Zeit hoch her, und der Kater wird voll gefordert. Danach endet die Rolligkeitsperiode aber auch recht schnell. Sie dauert nach mehreren, kurz aufeinanderfolgenden Begattungen etwa vier bis sechs Tage. Ist aber kein Kater zur Hand, zieht sie sich zehn bis vierzehn Tage hin; längere Zeiten sind keine Seltenheit. Der eigentliche Deckakt verläuft stürmisch und dauert – wie auch bei Groß-

katzen – nur Sekunden. Die Katze muß das Kreuz extrem durchbiegen und den Schwanz seitwärts abspreizen, um dem Kater die Einführung des nach hinten gerichteten Penis zu ermöglichen. Er packt sie dabei mit den Zähnen am Nackenfell. Das ist wichtig zu wissen, wenn man mit ungebärdigen Katzen hantiert. Der Nackengriff ist ihnen irgendwie vertraut. Kaum hat der Kater sein Liebeswerk begonnen, ist es also auch schon vorbei. Die Katze stößt einen schrillen Schrei aus (denken Sie an die Erzählung Ihres empörten Nachbarn!) und geht in offenbar wildem Zorn spuckend und zischend auf ihren Liebhaber los. Der flieht verstimmt und leckt sich eventuelle Kratzer. Im Nu hat sich aber ihr Sinn gewandelt. Dem mit Recht mißtrauischen Kater nähert sie sich wieder als liebevolles Schmusekätzchen. Es kommt zum zweiten Teil der Abendveranstaltung, dem noch mehrere folgen. Katerbesitzer wissen nun, warum ihre Helden nach solchen Nächten schlapp und ausgelaugt nach Hause trotten. Tagsüber lecken sie verträumt ihre Schrunden und sind kaum ansprechbar. Aber auch die Katze ist strapaziert.

Das Spiel der Hormone beginnt allerdings innerhalb von 24 Stunden abzuebben, und sie ist wieder sanft, lieb und brav. Bald rundet sich der schlanke Leib und – das sollten Sie zu vermeiden trachten!

Es gibt wohl nichts Süßeres als kleine Kätzchen, und nichts ist rührender anzuschauen als die leidenschaftliche Katzenmutter im Umgang mit ihren Kleinen. Denken Sie aber bitte daran: Ihr Haushalt kann keinen vollen Katzenwurf verkraften! Der wäre ja auch nur der Anfang einer

Multiplikation, für die Sie einen guten Taschenrechner benötigen, um das Ausmaß der biologischen Explosion abzuschätzen. Auch Ihr verkäuferisches Talent wird restlos ausgeschöpft werden, wenn Sie Kätzchen in liebevolle Hände weitergeben wollen.

Schon *während* der Trächtigkeit werden immerhin etwa zehn Prozent aller Katzen wieder rollig und liebesbereit. Sie können dann nochmals aufnehmen und *zweimal* hintereinander Junge bekommen. Diese merkwürdige Erscheinung, die ebenfalls bei Kaninchen vorkommt, nennt man wissenschaftlich Superfetation. Auch während die Katze noch stolz und mütterlich die Kindchen säugt, kann sie klammheimlich bereits wieder rollig werden. War da nicht eben ein Kater im Garten?

Rechts noch einmal eine Aufstellung der Termine, an denen eine Katze befruchtet werden kann. Sie sehen: fast immer! Glauben Sie mir, das geht nicht so weiter! Hier muß rasch etwas unternommen werden. Es gibt eine Reihe von Möglichkeiten, das Problem der unerwünschten Fruchtbarkeit zu lösen.

Es versteht sich von selbst, daß *Katzenzüchter* andere Probleme haben. Die Zucht von Rassekatzen ist nicht einfach und unterliegt eigenen Gesetzen. Züchter schütteln häufig den Kopf, wenn sie von der überquellenden Fruchtbarkeit gewöhnlicher Katzen hören.

Sexualzyklus der Katze	
Termin	**Risiko der Befruchtung**
Vorfrühjahr	groß bei allen Katzen
Frühjahr	sehr groß bei allen Katzen
Frühherbst	groß bei allen Katzen
Oktober bis Januar	gering bei überwiegend im Freiland lebenden Katzen, immer gegeben bei überwiegend im Haus gehaltenen Katzen
3.–6. Trächtig- keitswoche	etwa zehn Prozent aller Katzen
18–20 Stunden nach der Geburt	Einzelfälle wurden beschrieben
1–2 Wochen nach der Geburt	groß, wenn die Jungen nach der Geburt entfernt wurden
1–2 Wochen nach dem Absetzen der Jungen	groß

Eine Zeitperiode, in der eine Befruchtung ausgeschlossen ist, gibt es praktisch nicht

Abwehr der Kater

Das klingt banal: Wenn kein Kater Zugang erhält, kann Ihre Katze keine Jungen bekommen. In der Praxis läßt sich das allerdings nicht einfach durchführen. Sicherlich ist Ihre Katze sehr häuslich. Warten Sie aber einmal eine richtige Rolligkeit mit lockenden Katergesängen von draußen ab. Alle Türen und Fenster sind dicht? Katzen lernen es auch, eine Tür aufzumachen, und Sie werden doch nicht über vierzehn Tage alles abschließen wollen?

In Zoogeschäften und bei einigen kleineren Versandunternehmen gibt es Körner zum Ausstreuen an den Grundstücksgrenzen. Sie sollen Hunde und Katzen abschrecken. Das klappt leidlich.

Das rigorose Einsperren hat noch einen bedeutenden tierschützerischen Aspekt. Ich halte es für sehr grausam, die Katze mit ihren starken Trieben allein zu lassen. Was

meinen Sie, was das arme Tier dabei empfindet? Dafür würde sie doch liebend gern den stets gefüllten Futternapf und die fürsorgliche Betreuung eintauschen – jedenfalls während der Rolligkeit. Gegen einen schmucken Kater kommen Sie nicht an und können ihn nicht ersetzen.

Das konsequent durchgeführte Einsperren des gesunden Tieres ist also eine zwar sichere, aber recht grausame Methode zur Fruchtbarkeitsverhinderung.

Außerdem erlaubt es der unberechenbare sexuelle Zyklus der Katze nicht, das Einsperren nur auf die Rolligkeitsperiode zu beschränken. Dies ist ein wichtiger Unterschied zur Hündin.

Es ist passiert! Aber ist der Nachwuchs wirklich erwünscht?

Kurzzeitige Rolligkeitsverschiebung

Ihre Katze soll für ein paar Tage zu Freunden (die einen unkastrierten Kater besitzen), Sie wollen mit ihr verreisen, eine Ausstellung steht bevor oder ähnliches – ausgerechnet jetzt wird sie rollig und scheint damit all Ihre schönen Pläne zunichte zu machen.

Nun, da hilft der Tierarzt gern mit Hormontabletten. Die Eingabe ist für Sie doch kein Problem, denn Sie haben ja das Kapitel »Was kann man selber machen?« gelesen. Nach vorschriftsmäßiger Verabreichung der Tabletten ebbt der Liebeswahn schnell ab. Ihre Katze vergißt die lockenden Katervisionen und findet die nächtlichen Gesänge im Garten nur noch albern. Die Methode beeinflußt eine spätere Zuchtbenutzung eher positiv, so daß nichts dagegen spricht.

Rolligkeitsunterdrückung

Das kleine Kätzchen ist bei Ihrer Pflege kräftig herangewachsen. Sein Gewicht kann man auf gut zwei Kilogramm ansetzen. In der letzten Zeit schmust sie besonders gern und maunzt viel herum. Wie verspielt sie ist! Eben kullerte sie sogar übermütig auf dem Teppich umher. Moment mal, das wird doch nicht etwa die erste Rolligkeit sein?

Diese Vermutung liegt allerdings nahe. Schließen Sie gleich alle Türen und Fenster, dann kann man ruhig überlegen. Wir sind uns doch einig, daß Sie – zumindest jetzt – keinen Katzennachwuchs wünschen. Der liegt aber sozusagen in der Luft. Einsperren wollen und können Sie dieses lebhafte Geschöpf nicht, das wäre für die Katze auch keine Lösung – ganz im Gegenteil. Leckerbissen, viel Zuwendung und eine Spielzeugmaus sind ihr zwar will-

kommen, das alles verblaßt aber vor dem noch undeutlichen Bild eines rauhbauzigen Katers, der durch kein Mäuschen zu ersetzen ist.

Mein Vorschlag: Die Katze wird mit Hilfe von Hormontabletten wieder in den Zustand versetzt, in dem sie sich vor der Liebesperiode befand! Da gab es keine Probleme mit Katergedanken und Fruchtbarkeitsängsten, die Katzenwelt war noch heil. Das Tier lebte vergnügt und unbeschwert sein Leben, *es entbehrte nichts.* Sehen Sie es bitte mit den Augen der Katze. Wenn die Sexualhormone nicht ihr wildes Spiel treiben, hat die Liebe keinen Stellenwert. Bitte nicht vermenschlichend denken, die Katze litte etwa am Mangel der Liebesgefühle! Sie gibt sich – wie jedes Tier – nur dem Augenblick hin. Ein Beispiel: Schon Sekunden nach der Begattung ist ihr der Kater nicht nur gleichgültig, sondern unangenehm, ja verhaßt. So schnell wechseln die Gefühle. Wenn man medikamentös die Rolligkeitsperiode ausspart, leidet die Katze also keinen Mangel. Sie fühlt sich wohl und unbelastet.

Das geht heutzutage sehr gut mit bestimmten Hormonen, die denen gleichen, die auch in der für Menschen bestimmten Antibabypille verwendet werden. Man verabreicht sie in Tablettenform, und zwar *einmal in der Woche.* Diese Hormontabletten sind beim Tierarzt erhältlich oder werden von ihm verschrieben. Damit erreicht man, daß sich die Katze ständig in der Periode sexueller Inaktivität befindet, die bei frei lebenden Tieren ja ohnehin etwa acht Monate dauert. Sie bleibt dem Menschen gegenüber sehr anhänglich und liebevoll.

Und die *Nachteile?* Nun, Sie müssen schon jede Woche an die Tablettengabe denken. Monat für Monat, jahrelang. Das verursacht natürlich auch Kosten. Die Tabletten werden in diesem Falle nicht ständig gegen Widerstand eingegeben. Man verabreicht sie mit einem Leckerbissen, der nur für diesen Zweck reserviert wird. Das muß zur Routine werden. Glücklicherweise sind die Tabletten klein und geschmacksneutral.

Viele Besitzer fürchten, die Katze könnte nach sexueller Ruhigstellung dick und träge werden. Wieso eigentlich? Die Rolligkeitsperiode ist doch ohnehin relativ kurz. Als normal kann der Zustand sexueller Inaktivität gelten, und nur der wird durch die Tablettengabe beibehalten. Dick wird die Katze allenfalls, wenn Sie sie zu reichlich füttern. Das geschieht leicht unbewußt, weil man das Tier für irgendetwas entschädigen will. Da hilft strikte Disziplin. Im Kapitel »Gewichtszunahme« werde ich ausführlicher auf dieses Problem eingehen. Nur soviel vorweg: Es ist blanke Tierquälerei, ein so schlankgeschmeidiges Geschöpf durch regelloses Vollstopfen dick und plump zu machen. In vielen Fällen wird eine Verhaltensänderung befürchtet. Erwarten kann man, daß sich die Katze ihren Menschen enger anschließt – was doch wohl erwünscht ist. Die bösen Katerbuben spuken ihr eben nicht mehr im Kopf herum. Ob sie aber sonst irgendwie merkwürdig wird? Der große *Vorteil der Tablettenmethode* liegt darin, daß man einfach aufhören kann, wenn die Katze unerwünschte Verhaltensweisen zeigt. Schon nach wenigen Wochen sehen Sie nämlich, wie Ihre Katze

auf die Tabletten reagiert. Ihnen gefällt also die sexuell ruhiggestellte Katze nicht? Gut, dann kommen die Tabletten in den Mülleimer, und die Katze geht wieder auf Pirsch. Der Aufwand war gering, nichts ist verloren.

Noch ein Wort zu der bei Hündinnen so gefürchteten *Gebärmutterentzündung (Pyometra)*. Sie tritt bei Hündinnen, die nie Junge hatten, mit oder ohne Brunstunterdrückung zu etwa fünf Prozent auf – das ist relativ häufig. Auch bei Katzen gibt es eine Pyometra. Sie ist aber erheblich seltener. Mit der Tablettengabe wurde sie nicht in Verbindung gebracht (siehe auch Kapitel »Kastration«).

Beachten Sie bei der Tablettengabe folgendes: Auch säugende Katzen können bekanntlich wieder rollig werden und aufnehmen. Nach der Tablettengabe hört die Milchproduktion aber bald auf. Das ist ein Vorteil, wenn die Jungen entfernt wurden. Bei noch säugenden Kätzchen darf man die Tabletten aber erst geben, wenn die Kleinen alt genug zur selbständigen Nahrungsaufnahme sind. Die Katze muß bis dahin sorgfältig von Katern ferngehalten werden, denn auch zu diesem Zeitpunkt könnte sie trächtig werden.

Die sexuelle Ruhigstellung der Katze mit Hormontabletten ist meiner Meinung nach also eine gute und bewährte Methode. Sie kann und sollte als Dauerverabreichung durchgeführt werden. Der Nachteil liegt in dem gewissen Aufwand und den Kosten. Ein großer Vorteil ist, daß sie gegebenenfalls – aus welchen Gründen auch immer – einfach abgebrochen werden kann. Damit wäre der alte Zustand wieder hergestellt.

Rolligkeitsunterdrückung bei halbwilden Katzen

Es kommt nicht selten vor, daß selbstlose Katzenfreunde halbwilde, herrenlose Katzen regelmäßig füttern. Die Tiere werden dabei zwar vertraut, lassen sich aber meist nicht anfassen und einfangen.

Das große Elend beginnt, wenn sie in regelmäßigen Abständen Junge bekommen. Sofern diese nicht in den ersten Lebenstagen durch ungünstiges Wetter oder Seuchen dezimiert werden, vergrößern die armen Tiere das Heer streunender Elendskatzen. Und deren Los ist meist bitter.

Daher wird immer wieder gefragt, wie man in diesen Fällen die Fruchtbarkeit eindämmen kann. Das geht natürlich ebenfalls mit den bekannten *Hormontabletten!* Sie müssen nur dafür Sorge tragen, daß jede der Ihnen vertrauten Katzen einmal pro Woche ihre Tablette erhält. Das erscheint Ihnen unmöglich? Das würde ich nicht sagen. Gerade diese wilden Gesellen sind nicht mäkelig und stürzen sich auf eine Leberwurst-Tabletten-Pille. Mit etwas Geschick gelingt diese Methode also recht gut. Einen hundertprozentigen Erfolg, wie bei einer zahmen Hauskatze, wird man aber nicht erwarten können. Gelegentlich bleiben nämlich vertraute Katzen weg und andere kommen dazu. Die Fruchtbarkeit wird aber sehr merkbar eingedämmt. Übrigens schadet die Tablette keinem Kater, wenn er sie versehentlich erwischt. Im Gegenteil, auch seine sexuelle Aktivität wird gedämpft.

In den Monaten Oktober bis Januar ist es zu verantworten, die Tabletten wegzulas-

sen. Trotzdem würde ich jede Woche das Leberwurstkügelchen allein als Leckerbissen verabreichen, damit die Gewöhnung bleibt.

Eine andere Möglichkeit: Man leiht sich bei Tierheimen oder Katzenschutzvereinen Katzenfallen aus. Gefangene Tiere können dann kastriert und wieder freigelassen werden.

Diese beiden Methoden sind natürlich auch eine Kostenfrage, so daß man sie nicht von jedem erwarten kann. Auf die bewährte Möglichkeit sei aber ausdrücklich hingewiesen.

Kastration

Solange die Katze ihre Hormontabletten erhält, ist sie sexuell ruhiggestellt. Setzt man die Tabletten ab, wird sie fruchtbar wie eh und je. Das kann erwünscht sein. Peinlich wird es jedoch, wenn die Tabletten vergessen wurden und sich prompt das Bäuchlein rundet.

Die Kastration ist dagegen ein endgültiger Eingriff, der die Katze ein für allemal sexuell neutralisiert. Im Englischen sagt man meist nicht Kastrieren, sondern spricht von »to neuter«, also neutralisieren. Das trifft ja auch zu. Der Eingriff hat einen Vorteil, der natürlich auch ein Nachteil sein kann: Das Ergebnis ist irreversibel, also nicht mehr rückgängig zu machen. Bei der Kastration werden der Katze in tiefer Vollnarkose mittels einer Bauchoperation beide Eierstöcke und ein Teil der Gebärmutter entfernt *(Ovariohysterektomie).* Letzteres dient der Pyometra-Vorbeugung (Pyometra = Gebärmutterentzündung),

die gelegentlich nach reiner Eierstockentfernung bemerkt wurde. Der Eingriff ist prinzipiell nicht einfach, obwohl die anatomischen Voraussetzungen günstiger sind als bei der Hündin. Durch eine wesentliche Verbesserung der bei Katzen früher problematischen Narkose und dank der inzwischen ausgefeilten und standardisierten Operationstechnik ist die Kastration heute jedoch ein Routineeingriff geworden. Jeder Tierarzt, der sich überhaupt mit Kleintieren beschäftigt, beherrscht diese Operation. Davor brauchen Sie also keine Angst zu haben. Meist laufen die Patienten am nächsten Tage schon wieder vergnügt herum. Prinzipiell ist sie jederzeit möglich. Die Tiere müssen vor dem Eingriff allerdings 24 Stunden strikt gefastet haben, Wasser ist erlaubt, Milch aber nicht. Bei gefülltem Magen-Darm-Kanal kann es Komplikationen geben! Einzelheiten werden Sie ja ohnehin mit Ihrem Tierarzt besprechen. Eine Kastration muß nämlich angemeldet werden.

Bei jungen Kätzchen würde ich den Eingriff nach der Geschlechtsreife, also im Alter von sechs bis sieben Monaten, durchführen lassen. Manche meiner Kollegen murren darüber, weil die noch kleinen Eierstöcke nicht leicht zu finden sind. Es ist aber vorteilhaft, es gar nicht erst zu einer Befruchtung kommen zu lassen.

Bei säugenden Katzen operiert man etwa eine Woche nach dem Absetzen der Jungen. Und wenn sie schon wieder tragend ist? Darauf kommen wir noch, es geht auch dann.

Ist eine geschlechtsreife Katze ins Haus gekommen, rate ich nach kurzer Eingewöhnungszeit (ein bis zwei Wochen) zur

Kastration. Sie müssen hier mit Trächtigkeit rechnen und sollten das dem Tierarzt auch sagen. Es ist kein grundsätzliches Hindernis, wenn das Bäuchlein sich nicht schon allzu prall rundet. War sie womöglich schon kastriert? Ganz ausschließen will ich das nicht. Der Tierarzt kann es anhand der Narben ziemlich sicher feststellen. Im Zweifelsfall müßten Sie eine Rolligkeit oder gar die Trächtigkeit abwarten.

Meine Meinung zur Kastration: Sie hat sich als Standardmethode zur sexuellen Neutralisation der Katze weltweit bewährt. Sie erfordert einen einmaligen Kostenaufwand und ist absolut sicher. Der prinzipielle Nachteil liegt in ihrer Endgültigkeit. Eventuelle Veränderungen in Wesen oder Gestalt der Katze – wodurch sie auch immer bedingt sein mögen – lassen sich nicht wieder rückgängig machen. Von Hormonbehandlungen und Diätkuren einmal abgesehen.

Sterilisation

Darunter versteht man die Unfruchtbarmachung durch Unterbindung oder Entfernung der Eileiter, wobei die Eierstöcke im Körper bleiben. Die Katze kann danach nicht mehr trächtig werden. Der Eingriff ist technisch etwas unkomplizierter als die Kastration.

Das Tier behält seine volle sexuelle Aktivität. Das klingt verlockend, und tatsächlich habe ich, wie viele meiner Kollegen, früher viel sterilisiert. Das hat sich aber nicht sonderlich bewährt! Man gewinnt nämlich den Eindruck, daß die sterilisierten Katzen

es mit der Liebe nun besonders toll treiben. Die Rolligkeiten folgen rasch aufeinander. Dabei geht einem das ständig verliebt-alberne Getue langsam, aber sicher auf die Nerven.

Wovon überhaupt noch nicht gesprochen wurde: Die Herumtreiberei ist gefährlich! Autos und Jäger bedrohen das Leben der Katze – und wie sieht es mit der Tollwut in Ihrer Gegend aus? Vom Katergesang im Garten will ich gar nicht reden. So wurde nachträglich gelegentlich der Wunsch geäußert, die Eierstöcke doch noch zu entfernen. Das wird dann allerdings technisch recht schwierig, risikoreich und damit auch teuer.

Das Hauptargument gegen die Sterilisation: Das Risiko der Gebärmutterentzündung ist recht groß. Aus diesem Grunde sterilisieren viele Tierärzte überhaupt nicht mehr oder nur auf ganz besonderen Wunsch des Besitzers.

Meine Meinung: Die Sterilisation hat sich als wenig geeignet erwiesen. Das gesundheitliche Risiko ist einfach zu groß. In Frage kommt sie allenfalls bei Katzen, die halbwild und wenig beachtet gehalten werden, nur um Nachwuchs zu vermeiden.

Einige Empfehlungen zur Rolligkeitsverhinderung

Bei einer Jungkatze würde ich früh – etwa im Alter von 6 Monaten – mit der Gabe von Hormontabletten zur Rolligkeitsverhinderung beginnen. Dies auch und gerade dann, wenn sie völlig katzenisoliert lebt. Gleiches gilt für eine ältere Katze, die in ihr Heim kommt.

Nun einmal abwarten. Macht sie sich nicht prächtig? Ist sie nicht anhänglich, liebevoll und puppenlustig? Na also, Sie können mit der Tablettengabe über die volle Lebensspanne der Katze fortfahren. Es gefällt Ihnen deshalb nicht mehr, weil die dauernde Eingeberei zu lästig wird? Die Kosten ärgern Sie auch allmählich? Gut, dann lassen Sie sie doch jetzt kastrieren. Es bleibt die gleiche Katze, sexuell neutral war sie ja schon vorher.

Sie haben aber den Eindruck, durch die Tabletten hätte sich Ihr Tier unerwünscht verändert? Dann die Tabletten weglassen und die Katze beobachten.

Unerwünschte Bedeckung

Ihre Katze ist zwar rollig, aber sehr brav. Also läßt die Vorsicht nach, sie sieht ja auch noch viel zu schmächtig aus. Plötzlich ist das kleine, liebevolle Wesen durch das Küchenfenster verschwunden und kommt erst nach bangen Stunden, leicht verstört, wieder zurück. Ob sie etwa? Das nehme ich an! Bei Katzen ist die Chance minimal, einen Deckakt direkt beobachten zu können. Der Besitzer ist daher auf Vermutun-

gen angewiesen. Genaueres läßt sich erst sagen, wenn das Benehmen ruhiger und ihr Bäuchlein runder wird. Lassen Sie es nicht soweit kommen!

Bei einer fehlgedeckten Hündin kann der Tierarzt den unerwünschten Segen mit Spritzen aus der Welt schaffen. Das geht bei unseren empfindlichen Katzen nur theoretisch, praktisch sind die möglichen Nebenwirkungen nicht zu akzeptieren. Hier gibt es nur eins: *Lassen Sie die Katze jetzt kastrieren!* Dabei braucht nichts überstürzt zu werden. Verabreden Sie einen Termin mit dem Tierarzt und geben ihm dabei das vermutliche Deckdatum an. Bei der Operation wird ohnehin ein Großteil der Gebärmutter mitentfernt, so daß nichts mehr passieren kann. Das geht schlimmstenfalls sogar noch bei gerundetem Bauch, also fortgeschrittener Trächtigkeit. Dieser Eingriff wird dann umfangreicher, bereitet aber keine technischen Probleme. Natürlich ist niemandem dabei angenehm zumute. Mir scheint es jedoch die bessere Lösung zu sein, als das Einschläfern bereits geborener Kätzchen. Nicht vermenschlichen: Die Katze hat bei und nach der Kastration noch *keine* Muttergefühle, vermißt daher auch nichts!

Liebesleben des Katers

Sie bekamen ein kleines Fellbündelchen in Ihr Heim, und dank guter Pflege wächst es kräftig heran. Nehmen wir an, das Kätzchen habe die Möglichkeit zu Ausflügen in die Umgebung. Da fällt Ihnen auf, daß mit

gewisser Regelmäßigkeit abends gewaltige Kater auftauchen und Ihr liebes Wesen regelrecht abholen. Du liebe Güte, wird das etwa auf Nachwuchs hinauslaufen?

Eine hastige Untersuchung zeigt anhand der schon deutlichen Hoden einwandfrei: Es handelt sich um ein Katerchen und nicht um ein Kätzchen. Schon in seinem zarten Alter, mit ziemlicher Sicherheit vor der Geschlechtsreife, geht er abends auf ausgedehnte Spaziergänge. Naja, Spaziergänge ist wohl etwas zu ungenau ausgedrückt. Erfahrene große Kater führen den Nachwuchs zu ihren merkwürdigen Treffen. Die sind durchaus nicht immer sexuell motiviert. Gelegentlich sitzen da die Kater nur herum und maunzen sich gesellig an. Verhaltensforscher sagen, daß der Jüngling damit in die Bruderschaft der Kater aufgenommen wird. Er darf dort schon ein wenig mitsingen und wird in all seiner Unerfahrenheit geduldet. Wie fast jeder Jüngling möchte er bald einmal richtig mitmischen, benimmt sich daneben – und bezieht fürchterliche Prügel! Sie erleben ihn dann daheim katzenjämmerlich, zerkratzt und zerbissen. Langsam wächst aber die Kraft und Erfahrung, seine nächtlichen Abenteuer werden ernster und gefährlicher. Sie merken diese Entwicklung nicht nur an seinen Wunden, sondern können es auch deutlich riechen. Er beginnt nämlich, sein Heim zu markieren. Damit die Flegel von draußen wissen, wer hier der Herr ist, bespritzt er alle strategisch wichtigen Punkte der Wohnung mit Katerurin.

Hierzu ganz klar meine Meinung: Sie können beides nicht dulden; weder die unkontrollierbaren Ausflüge noch die Markierung Ihres Heimes!

Von den nächtlichen Abenteuern wird er früher oder später ernsthaft verletzt zurückkommen – wenn er überhaupt wiederkommt. In städtischen Gebieten lauert der Unfalltod durch den Verkehr, in ländlichen Gegenden droht der Abschuß. Von den zahlreichen Erkrankungen, die er sich holen kann, gar nicht zu reden!

Vor allem, was haben Sie von einem Kater, der tagsüber schlapp herumliegt und abends außer Haus geht? Das ist nur zu vertreten, wenn Sie überhaupt keine enge Bindung an das Haustier anstreben und lediglich für Dach und Futterschüssel sorgen.

Und dann der Geruch in der Wohnung! Er hat einen großen Nachteil: Man gewöhnt sich an ihn und bemerkt ihn nicht mehr. Wenn Besucher kommen, prallen sie aber zurück. Ein Großteil der Vorurteile gegen Katzenhaltung stammt aus dieser Quelle. Welche Möglichkeiten gibt es nun aber zur Vermeidung dieser Nachteile bei einer Katerhaltung?

Einsperren

Ein eingesperrter Kater kann nicht mehr seinen aushäusigen Neigungen nachgehen. Er lebt daher weitgehend ungefährdet, wenn auch erbärmlich. In ihm fordern doch starke Triebe ihr Recht, und da soll er brav auf dem Sofa sitzen und schnurren!

Es ist zu bezweifeln, ob Sie die Wohnung überhaupt katerdicht machen können. Wenn er einmal ausreißt, ist mit Wiederkommen wohl nicht zu rechnen. Im Zoohandel sind schrankgroße Zimmerkäfige erhältlich – welch ein Aufwand für ein Geschöpf, das ein Freund werden könnte! Kater sind weitgehend erziehbar, das Mar-

kieren an den Möbeln werden sie aber nicht lassen. So kommt es zu einem mürrischen Nebeneinanderleben, bei dem bald einer der Beteiligten restlos den Spaß verliert.

Das Einsperren eines geschlechtsreifen Katers ist also weder tiergerecht noch vom menschlichen Standpunkt aus zweckmäßig. Die Wohnung riecht bald wie ein typisches Katzenheim, und Verhaltensstörungen des Tieres sind meist schon vorprogrammiert.

Kastration

Die Kastration macht aus dem Kater erst ein Haustier. Er wird sich danach enger an Sie anschließen und glücklich sein. Wie bereits bei der Katze ausgeführt, wäre es eine unzulässige Vermenschlichung anzunehmen, er würde etwas entbehren. Ganz im Gegenteil! Erst jetzt hat der Kater

Diesen strammen Kater wollen Sie einsperren und mit einem Leckerbissen von der Liebe ablenken?

die Möglichkeit, sich an einen Menschen freundschaftlich anzuschließen. Viel, viel enger als er es an eine andere Katze könnte. Menschen sind eben bessere Katzen!

Die unangenehme Angewohnheit des Spritzens oder Markierens tritt bei früh kastrierten Katern nicht auf und verliert sich bald, wenn man sie erwachsen operiert. Damit werden diese schönen Geschöpfe zu idealen Haustieren, und so haben Sie eine gute Chance, sie längere Zeit zu behalten – sonst würden sie bald ein Opfer von Verkehr oder Jagd.

Die prinzipiell einfache Operation wurde früher unter primitivsten Bedingungen ohne Betäubung von Laien vorgenommen. Kein Wunder, daß die Tiere hinterher noch lange Zeit verstört waren. Heute ist die Entfernung der Hoden ein kleiner Eingriff in Vollnarkose.

Werden nun kastrierte Kater träge und fett? Die gefährlichen nächtlichen Wanderungen schränkt ein Kastrat meist ein, dafür ist er tagsüber aktiver. Man kann also nicht von Trägheit reden. Auch der Jagdinstinkt leidet keineswegs. Wenn Sie ihm das glückliche Leben eines Mäusejägers bieten können, ist das leicht nachzuprüfen. Dick wird fast jede Katze, wenn sie falsch gehalten und gefüttert wird. Bei vernünftiger Fütterung bleibt der Kastrat hübsch schlank.

Kater behalten nach der Kastration praktisch den augenblicklichen Entwicklungsstand. Noch weiblich aussehende Katerchen ähneln also auch später eher Katzen.

Ein Bursche mit dickem Kopf ändert zwar sein Wesen, nicht aber das männliche Aussehen. Diese Gesichtspunkte sollten Sie bei der Wahl des Operationszeitpunktes berücksichtigen.

Die Kastration des Katers ist eine uralte und bewährte Methode, um männliche Tiere überhaupt im Haus halten zu können. Während sie naturgemäß für Züchter ausscheidet, ist sie sonst jedem Katerhalter nur dringend anzuraten.

Sterilisation

Bei der Sterilisation wird ein Tier unfruchtbar, behält aber die volle sexuelle Aktivität. Ein sterilisierter Kater geht also bei entsprechender Möglichkeit auf seine Touren und wird in der Wohnung Duftmarken setzen. Somit kommt dieser etwas komplizierte Eingriff – die dünnen Samenleiter werden durchtrennt – wohl nur selten in Frage. Er bringt kaum Vorteile.

Denkbar ist folgender Fall: Einige Katzen leben mit einem Kater isoliert in einem Gelände oder Gebäude zusammen. Der sterilisierte Kater würde sie bei Rolligkeit decken und damit die Liebesperiode abkürzen. Es gäbe aber keinen Nachwuchs. Diese Methode wird gelegentlich bei Großkatzen in Zoos praktiziert. Löwen kastriert man nämlich nicht gern, weil sie danach ihre stolze Mähne verlieren.

Von dem einen möglichen Fall abgesehen, wird also die Sterilisation des Katers wohl kaum in Frage kommen.

Wir wollen verreisen

Die Katze im Urlaub

Urlaub, die schönste Zeit des Jahres! Wie herrlich ist es, dem Alltag zu entfliehen. Fremde Länder erweitern das Weltbild, ungewohntes Klima trainiert die Anpassungsfähigkeit des Kreislaufes, der Magen darf sich öfter wundern, und Bildung kommt wie von selber.

Aber natürlich überzeugen diese Argumente Ihre Katze überhaupt nicht! Zwar gibt es Katzen, die ganz gern einmal ein jugoslawisches Mäuschen probieren und sich an südlichen Stränden wärmen wollen. Im Regelfall bleibt die Katze aber viel, viel lieber im heimischen Revier. Genüßlich kolportieren Hundefreunde die Uraltgeschichte von der Katze, die nur am Heim und nicht am Besitzer hängt. Das stimmt in dieser Ausschließlichkeit nicht, wie jeder Katzenfreund bezeugen kann. Eine starke Bindung an das Heim ist aber nicht zu leugnen. Damit sei nicht gesagt, daß Sie Ihr ganzes Leben auf die Katze abstellen sollten. Schließlich kann man auch von ihr eine vertretbare Anpassung erwarten. Es gibt verschiedene Möglichkeiten, die »schlimme« Reisezeit zu überstehen.

Die Katze bleibt daheim

Dabei lebt sie in der vertrauten Umgebung, erhält das gewohnte Futter und hat Gelegenheit zu erkennen, wie schön doch das Zusammenleben mit der Familie war. Welche Freude, wenn alle zurückkommen. Im Idealfall wird sie in ihrem Heim von einer vertrauten Person versorgt. Kann das nicht eine Nachbarin übernehmen? Einmal täglich füttern, Wasser wechseln und die Toilette säubern – heutzutage ist doch alles so einfach geworden! Ein wenig Schmuserei und ein kleines Spiel wird dankbar begrüßt. So wurde schon mancher Katzenversorger zum Katzenfreund. Echte Tierfreunde hatten eine blendende Idee, die sich hoffentlich weiter durchsetzt. Sie gründeten den »Cat-Sitter-Club«. Dort treffen sich Katzenfreunde, tauschen Erfahrungen aus, und – was hier besonders interessiert – sie propagieren und praktizieren Urlaubsbetreuung auf Gegenseitigkeit. Der große Vorteil liegt darin, daß die Versorgung der Katzen durch versierte und engagierte Katzenfreunde erfolgt. Diese Clubs gibt es schon in vielen Städten, es werden immer mehr. Schreiben Sie doch an die Zentrale oder rufen dort einfach an.

Katzenschutz-Bund, Cat-Sitter-Club, Grafenberger Allee 147, 40237 Düsseldorf, Telefon: (02 11) 66 32 06.

Die Katze im Tierheim

Die Adressen guter Tierheime werden fast auf dem schwarzen Markt gehandelt. Sauberkeit und gutes Futter sind Selbstverständlichkeiten. Was man aber kaum beurteilen kann: Ob die Pfleger es fertigbringen, die Tiere trotz aller Routinearbeit *anteilnehmend* zu versorgen. Mancher hat dafür besonderes Geschick, andere können es weniger gut.

Kennen Sie ein gutes Tierheim, so sollten Sie nicht zu sehr auf den Pensionspreis schauen. Reich kann man in dieser Branche ohnehin nicht werden.

Vernünftigerweise sind Impfungen vorgeschrieben, denn Katzen mit Heimweh erkranken sehr leicht. Im Regelfall geht es um Katzenseuche, Katzenschnupfen, zuweilen auch um Tollwut. Außerdem sollte man das vertraute Schlafkörbchen und ein Spielzeug mitgeben. Bitte das Ruhepolster nicht unmittelbar vorher reinigen, denn der heimatliche Geruch soll erhalten bleiben.

Es ist jedoch ein arger Notbehelf, die Katze ins Tierheim zu geben. Hinterher müssen Sie eine ganze Weile seelische Aufbauarbeit leisten!

Autotransport

Falls Sie mit dem Auto verreisen wollen, hier ein paar wichtige Grundregeln:
Tiere gehören *nicht* in den Kofferraum. Dort riecht es schrecklich technisch, Auspuffgase können eingewirbelt werden, und jeder menschliche Kontakt fehlt.
Also nehmen Sie die Katze mit in den Innenraum. Von einer Regel darf allerdings nicht abgewichen werden: Das Tier gehört in einen *festen* und *ausbruchssiche-*

So kommt die Katze mit auf Reisen. Noch idealer ist allerdings eine feste Transport- und Wohnkugel aus Kunststoff, die zuverlässig vor Zugluft schützt

ren Transportbehälter! Ein Flechtkorb ist nicht gut, weil er Zugluft durchläßt. Ideal sind Transport- und Wohnkugeln aus Kunststoff.

Von allen anderen Transportmethoden ist abzuraten. Angeleint kann die Katze den Fahrer stören, sie bleibt auch dem Zug ausgesetzt. Die Tochter eines Kollegen verursachte einen bösen Autounfall, weil sich ein Kätzchen aus dem Transport-Pappkarton befreite und im Wagen umhersprang. Manchmal sieht man Katzen in Autos majestätisch vor dem Rückfenster liegen, auf dem Schoß der Insassen, sogar auf den Schultern des Fahrers. Das ist blanke und lebensgefährliche Unvernunft! Bei plötzlichem Bremsen oder erschreckendem Hupen hat man die Katze am Hals.

Reisekrankheit mit Erbrechen kommt bei Katzen selten vor. Zur Vorbeugung sollten sie vier Stunden vor Antritt einer Reise nicht mehr gefüttert werden. Bei empfindlichen Tieren bewähren sich *Beruhigungsmittel mit Antibrechwirkung.* Es ist ohnehin nichts dagegen zu sagen, diese Mittel auf Reisen großzügig einzusetzen. Ihr Tierarzt berät Sie gern und kompetent.

Bei der auch für Katzen nötigen Pause wird sie noch im Auto *angeleint* und nur so in die Büsche geführt. Sonst besteht die große Gefahr, daß die ganze Familie auf eine verzweifelte Katzenjagd gehen muß. Was die vertretbare Dauer einer Reise anbelangt, besitzen die klugen Katzen nämlich mehr Vernunft als die meisten Menschen!

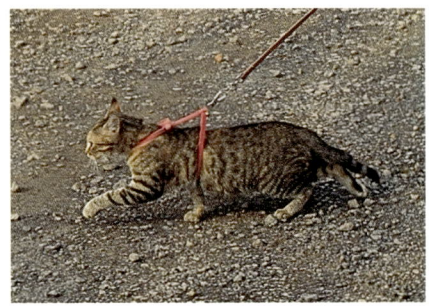

Brustgeschirr und Leine gefallen nicht jeder Katze, verhindern aber zuverlässig ein Entweichen

Flugreise

Beim Flugtransport wird die Katze von Ihnen in den speziellen Transportbehälter der Fluggesellschaft gesetzt und am Zielort – mehr oder weniger verängstigt – wieder herausgeholt.

Was geschieht beim Transport? Das sensible Tier leidet Qualen – wobei ich nicht an Hunger oder Durst denke. Beängstigende Geräusche und Gerüche, unverständliche Luftdruckwechsel und kein menschlicher Kontakt – das ist schlimm. Da helfen *Beruhigungsmittel.* Aber deren Wirkung sollte man unbedingt *vorher* ausprobiert haben. Jedes Tier reagiert nämlich unterschiedlich. Der Tierarzt gibt Ihnen Hinweise.

Bei einigen Fluggesellschaften ist der Transport in der Passagierkabine als Handgepäck möglich. Bitte erkundigen.

Bahnfahrt

Das ist die beste Reisemöglichkeit, wenn die Katze im festen Transport- und Schlaf-behälter mit ins Abteil genommen werden kann. Es besteht dabei die Möglichkeit, ab und an per Zuspruch den Kontakt auf-rechtzuerhalten.

Machen Sie es sich zur Regel, die Katze im Abteil *nie* aus dem Behälter zu nehmen. Das Einfangen kann nämlich ein Aben-teuer werden! Große Geschäftchen wer-den meist angehalten, und die Unterlage muß ein Bächlein aufsaugen können.

Grenzformalitäten

Hier ändern sich die Bestimmungen leider ständig. Viel hängt auch davon ab, ob in Ihrem Kreis Tollwut beobachtet wurde. In einigen Ländern (Großbritannien) ist die Einreise ohne lange Quarantäne generell verboten, in anderen genügt für die Ein-reise die amtstierärztlich bestätigte Toll-wutimpfung.

Verbindliche Auskunft über die aktuelle Situation erhalten Sie beim *Amtstierarzt*. Seine Anschrift gibt Ihnen Ihr Tierarzt oder die Polizei. Bitte rechtzeitig erkundi-gen, denn bei der Impfung sind bestimmte Fristen einzuhalten.

Vor Katzenschmuggel kann ich nur war-nen! Ihr Risiko ist die Strafe, ich fürchte aber mehr um Leib und Leben Ihrer gelieb-ten Katze.

Am Urlaubsort

Ein freies Ferienjägerleben können Sie der Katze nicht gestatten! Die Gefahr, daß sie wegläuft oder sich verirrt, wäre unver-tretbar hoch. Also bleibt ein Stubenkatzen-dasein im Ferienheim. Hort und Zuflucht ist die vertraute Schlafhöhle.

Auf ein katzendicht eingezäuntes Grund-stück können Sie nicht hoffen. Ausflüge werden daher an der *Leine* gemacht. Wenn sie am Brustgeschirr befestigt wird, kann die Katze auch notfalls vor einem angrei-fenden Hund ohne Verletzungsgefahr weggerissen werden. Die modernen Auf-rolleinen (kleinste Ausführung) geben viel Freiheit. An die Leine sollte die Katze schon daheim gewöhnt werden. Sie geht nicht stur bei Fuß wie ein braver Hund. Wie immer folgt sie ihren eigenen Neigungen, und Sie werden ihr mit dem Takt des guten Katzenmenschen folgen.

Unproblematisch ist heutzutage die *Fut-terfrage*. Das vertraute Fertigfutter läßt sich bequem in ausreichender Menge mit-nehmen. Glauben Sie mir, die Katze hat – im Gegensatz zum Menschen – wenig Nei-gung zu exotischen Raffinessen. Einen Reisedurchfall sollten Sie ihr ersparen.

Das klingt alles wenig verlockend. Ein sol-cher Urlaub ist auch kein Katzenvergnü-gen, das läßt sich bei allem guten Willen nicht ändern. Im Vertrauen, ich bin schon zufrieden, wenn Sie die Katze gesund aus dem Urlaub zurückbringen. Bitte nicht fragen, wie es ihr gefallen hat!

Register

Bei mehreren Seitenzahlen verweist die **halbfette** Seitenzahl auf eine ausführliche Erläuterung des Begriffs.

UNSER TIP

Grzimek Juniors
Bunte Tierwelt
(4295) Von Chr. Grzimek, 208 S.,
308 Farbf., Pbd.,
DM 33,–, S 268,–, SFr 34,–

Das neue Katzenbuch
Rassen · Aufzucht · Pflege
(0427) Von B. Eilert-Overbeck,
120 S., 8 Farbf., 26 s/w Fotos,
kart.
DM 9,80, S 79,–, SFr 10,80

Das neue Hundebuch
Rassen · Aufzucht · Pflege
(0009) Von W. Busack, überarb. v.
Dr. med. vet. A. H. Hacker, 112 S.,
8 Farbt., 27 s/w-Fotos, 6 Zeichn.,
kart.,
DM 9,80, S 79,–, SFr 10,80

Reiten im Bild
(0415) Von H. Werner, 128 S.,
142 Farbf., 107 Farbzeichn., kart.,
DM 19,80, S 159,–, SFr 19,80

Der Hobby-Imker
(0978) Von Dr. R. F. A. Moritz, 144 S.,
106 zweifarb. Zeichn., kart.,
DM 24,80, S 198,–, SFr 25,80

Das Süßwasser-Aquarium
Einrichtung · Pflege · Fische · Pflanzen
(0153) Von H. J. Mayland, 152 S.,
16 Farbt., 43 s/w-Zeichn., kart.,
DM 19,80, S 159,–, SFr 19,80